청소년
비건의
세계

청소년 비건의 세계

박소영 지음

동물을
먹지 않는 삶이 주는
곤경과 긍지
그리고 기쁨에 대하여

곰곰

모두를 위한 비거니즘

2020년, 《살리는 일》을 출간하고 나서 동물의 권리와 비거니즘에 관해 강연할 기회가 종종 있었습니다. 대개는 성인을 대상으로 하는 강연이었지만, 청소년 독자를 만날 일도 적지 않았습니다. 돌이켜 보면 청소년 대상 강연을 마치고 돌아올 때마다 저는 늘 가슴이 뛰었던 것 같아요. 2시간가량 두서없이 이야기를 풀어놓고 나면 교실 안 분위기가 미세하게 달라져 있었기 때문입니다. 시큰둥한 표정으로 앉아 있던 학생이 자세를 고쳐 앉는다거나 졸린 눈을 비비던 학생이 손을 들어 질문하는 일도 왕왕 있었습니다.

무엇보다 고무적이었던 것은, 강연이 끝나면 제게 다가와 오늘부터 하루 한 끼는 채식을 실천하겠다거나 비거니즘에 도전해 보겠다고 말하는 청소년이 꼭 있었다는 것입니다. 이런 경험이 쌓이면서 저는 학교 강연이라면 아무리 먼 거리라도 마다하지 않고 참석하는 저자가 되었습니다. 비거니즘에 관한 청소년 도서를 만들고 싶다는 휴머니스트 출판사의 연락을 받았을 때, 자신 없어 하면서도 끝끝내 수락할 수밖에 없었던 이유입니다.

머리말 제목처럼 비거니즘이 모두를 위한 것이길 바라는 마음으로 글을 썼습니다. 이제 막 비거니즘에 관심이 생긴 청소년이라면 이 책을 통해 비거니즘이 정말 도전해 볼 만한 것인지, 다른 친구들은 어떻게 비건 지향 생활을 하고 있는지 알아 갈 수 있을 것입니다. 반대로 이미 비건 지향 생활을 하고 있는 청소년이라면 같은 고민을 하는 청소년 당사자들의 목소리에서 위로와 용기를 얻을 수 있을 거라 생각합니다.

이 책은 현재 청소년이거나 청소년 시절부터 비거니즘을 실천해 온 당사자의 이야기를 중심으로 진행됩니다. 여섯 명의 인터뷰이는 성격도, 생활 방식도, 추구하는 비거니즘의 모양도 조금씩 다르지만, 스스로 옳다고 믿는 방향으로 움직인 공통점이 있습니다. 이들과 만나 이야기를 나누면서 저 역시 많이 배우고 또 위로받았다는 사실을 고백합니다. 비거니즘을 실천하는 과정에서 자주 실패를 경험하거나 외부의 시선 때문에 상처받는 이들이 있다면 청소년 당사자들의 목소리가 큰 힘이 되어 줄 것입니다. 인터뷰이들이 또래 독자에게 전하고자 하는 이야기를 책말미에 따로 실었으니 이 역시 꼭 읽어 보시기를 권합니다.

집필 과정에서 용어 사용을 두고 고민했습니다. 동물을 소외시키거나 동물 착취를 정당화하는 듯한 표현을 그대로 써도 괜찮은가 하는 문제 때문이었습니다. 가령 최근 동물권 운동 진영에서는 물에 사는 고기라는 뜻인 물고기라는 단어 대신 '물살이'라는 표현을 쓰고 있습니다. 수컷, 암컷이라는 표현이 동물과 인간을 차별한다는 주장에 따라 수퇘지를 '남성 돼지'로, 암탉을 '여성 닭'으로 부르기도 합니다. 동물권을 옹호하는 사람으로서 저 역시 우리 사회가 종에 따라 위계를 가르는 '종차별적' 표현을 쓰지 않는 쪽으로 나아가야 한다고 생각합니다. 우리가 사용하는 언어와 우리의 사고는 깊이 연결되어 있으니까요. 하지만 비거니즘에 막 입문하려는 독자가 용어에 부담을 느껴 책과 멀어지는 일만큼은 없었으면 했습니다. '일반적인' 표현을 채택한 것은 그래서입니다.

책에서도 여러 차례 밝혔지만 비거니즘은 결코 소수만 실천할 수 있는 특별한 생활양식이 아닙니다. 누구나 도전할 수 있고, 실패하더라도 언제든 다시 시작할 수 있는 것이 바로 비거니즘이지요. 비거니즘의 모양이 한 가지여야 할 이유도 없습니다. 이 책을 읽는 독자들이 각자의 상황과 생활 습관에 맞는, 자유로운 비거니즘을 상상해 보면 좋겠습니다. 그래서 우리 사회에 저마다 다른 모습을 한 비건 지향인이 많아졌으면 합니다. 그렇게 될 때 동물의 권리는 물론이고 나날이 악화되는 지구 환경 역시 지킬 수 있겠지요. 그 시작에 《청소년 비건의 세계》가 함께하기를 바랍니다.

차례

1

어쩌다 비건

VEGAN

'비건'이라는 말, 들어 본 적 있나요? 비건은 소고기, 돼지고기, 우유와 같은 동물성 식품을 먹지 않는 것은 물론, 동물의 가죽이나 털을 이용해 만든 제품도 쓰지 않는 사람을 말합니다. 채소 위주의 식사를 하는 '채식주의자'와 비슷하지만, 생활 전반에서 동물성을 거부한다는 측면에서 신념이 조금 더 강하게 들어간 표현이라고 보면 좋을 것 같아요. 이런 철학과 생활 방식을 '비거니즘(veganism)'이라고 부르기도 하지요.

그런데 식생활을 바꾸는 것은 결코 쉬운 일이 아닙니다. 건강이나 특수한 상황 때문에 어떤 음식을 끊어 본 사람은 알 거예요. 익숙하게 먹어 오던 것을 하루아침에 먹지 않으려면 얼마나 큰 결심과 실행력이 필요한지를요. 게다가 식사는 가족이나 친구 등 다른 사람들과 관계를 맺는 통로이기도 하니, 먹지 못하는 음식이 있다면 식사 자리가 서로 불편해질 수도 있으니까요.

여기, 이런 불편함을 무릅쓰고 더 이상 고기와 우유를 먹지 않기로 한 사람들이 있습니다. 이들이 어느 날 갑자기 비건이 되기까지 도대체 무슨 일이 있었던 건지, 궁금하지 않나요? 어떤 앎이 이들을 비건으로 이끌었을까요?

동물권에 눈뜨다

무언가를 읽거나 보고 나서, 이것을 보기 전으로는 돌아갈 수 없겠다고 생각할 때가 있습니다. 새로 알게 된 사실이 가져다준 충격이 너무 클 때 그렇지요. 실은 제가 그랬습니다. 저는 2017년 7월 2일에 채식주의자가 되었는데요. 이렇게 날짜까지 정확하게 기억하는 이유는 그날 본 것이 저의 삶을 완전히 바꾸어 놓았기 때문입니다.

저는 그날 공장식축산 시스템의 문제점을 고발하는 영화 〈옥자〉를 보았습니다. 〈옥자〉는 산골 마을에 사는 소녀 '미자'와 슈퍼 돼지 '옥자'의 우정을 그리고 있는데요, '옥자'가 도살장으로 팔려 가자 '미자'는 그를 구하기 위해 목숨을 건 모험을 감행합니다. 영화는 돼지가 어떤 과정을 거쳐 도살되는지, 그 시스템이 얼마나 거대하고 폭력적인지를 생생하게 묘사하고 있어요. 비록 영화 속에서였지만 동물의 고통을 똑똑히 목격했고, 앞으로는 그것을 절대로 모른 척하지 않겠다고 결심했습니다. 금비 역시 저와 비슷한 경험을 했다고 하네요.

금비 "공장식축산의 실태를 고발한 유튜브 영상을 처음 본 날, 정말 큰 충격을 받았어요. 왜 비건을 지향해야 하는지 그때 깨달았지요. '아, 나도 해야겠다'라는 생각이 들었어요."

금비가 비건을 지향하는 생활을 시작하게 된 계기는 다큐멘터리 한 편이었습니다. 좁은 공간에 동물들을 가두고 옴짝달싹할 수 없게 만드는 공장식축산 시스템의 잔혹함을 목격한 후 더는 이 시스템에 기여해서는 안 되겠다는 생각이 들었다고 해요.

우리가 먹는 소와 돼지, 닭은 대부분 편히 발을 뻗을 수도, 움직일 수도 없는 비좁은 공간에 평생을 갇힌 채 살아갑니다. '공장식축산 시스템'이라는 말에는 공장이 물건을 만들어 내듯 살아 있는 동물을 하나의 '제품'처럼 다룬다는 아픈 뜻이 담겨 있어요. 이 공장식축산이 얼마나 광범위하게 퍼져 있는가 하면 미국에서 생산되는 닭고기의 99.9% 이상이 공장식축산 방식으로 만들어졌을 정도입니다.[1]

공장식축산 시스템은 기계적으로 그리고 아주 계획적으로 돌아갑니다. 소가 도살되는 과정을 간략하게 알아볼까요? 도축장의 노동자들은 컨베이어벨트 위에 소의 머리를 고정시킵니다. 머리에 구멍을 내 소를 기절시키기 위해서입니다. 소가 의식을 잃고 나면 소의 뒷다리를 고정해 거꾸로 매답니다. 이때 의식이 끊어지지 않은 소도 많다고 해요. 이후 목동맥 등을 잘라서 방혈✦을 합니다. 마지막으로 소의 무게를 재고 거기에 따라 등급을 매겨요. 우리가 책을 읽는 지금 이 순간에도 이 거대하고 무자비한 시스템은 조용히 움직이며 동물들의 목숨을 빼앗고 있습니다.

그렇다면 축산 시스템에 의해 죽임을 당하는 동물의 숫자는 얼마나 될까요? 유엔식량농업기구(FAO)에 따르면 2019년 한 해 동안만 721억 1,877만 마리의 닭과 3억 2,451만 마리의 소, 13억 4,854만 마리의 돼지가 목숨을 잃었다고 합니다.[2] 얼마나 큰 수치인지 가늠이 되시나요? 2022년 기준 전 세계 인구는 79억 명이니 한 해에만 전 세계 인구의 10배에 달하는 수의 닭이 목숨을 잃는 것이지요. 전체 동물이 아닌 닭만, 몇 년에 걸친 것이 아니라 1년 치 통계만 낸 것인데도 그렇습니다.

사람들이 '더 많은 고기'를 원하기 때문에 소, 닭, 돼지 들은 '상품'으로서 충분한 무게가 되면 도축을 당합니다. 자연 상태에서 소의 평균 수명은 15년 이상이지만 이런 시스템으로 사육되고 도축당하는 소의 수명은 고작 2~3년에 불과합니다. 마찬가

✦ 가축을 기절시킨 후에 피를 몸 밖으로 빼내는 도축 공정.

지로 평균적으로 10~15년을 사는 돼지는 5~6개월밖에 살지 못하고요. 닭 역시 자연 수명이 8~15년임에도 겨우 35일밖에 생명을 유지하지 못해요. 이곳에서 동물의 수명은 곧 사육에 들어가는 비용, 즉 돈이기 때문입니다.

비단 죽음만이 문제가 아닙니다. 공장식축산에서 동물들은 살아 있는 동안에도 내내 고통받습니다. 이를테면 풀을 먹어야 할 소는 사료용 곡물을 먹으며 몸집을 최대한으로 불리게 됩니다. 소는 풀을 단계적으로 소화하기 위해 기능이 서로 다른 위 네 개를 가지고 있는데, 사료용 곡물 때문에 이 위들이 제 역할을 하지 못하면서 위장병과 지방간에 시달립니다. 닭들은 불어난 몸무게를 감당하지 못해 다리가 부러지기도 하고, 몸집이 커지는 속도를 장기가 자라는 속도가 따라잡지 못해 질병에 걸리기도 해요. 생활 공간 역시 문제인데, A4 용지만 한 곳에 몸을 욱여넣은 채 제대로 움직이지조차 못합니다. 스트레스를 받은 닭이 부리로 다른 닭들을 쪼아 공격할까 봐 양계장에서는 닭이 태어나면 얼마 지나지 않아 부리를 잘라 버립니다. 돼지는 어떨까요. 수퇘지는 태어나는 순간 마취 없이 성기를 절단당합니다. 냄새 나지 않는 고기로 키워져야 하기 때문이에요. 암퇘지는 임신과 출산만을 반복하다가 몇 년 지나지 않아 죽임을 당하고요.

서 진 "수평아리가 태어나자마자 분쇄기에 갈리는 모습을 봤어요. 공장식축산을 고발하는 아주 짧은 영상이었는데, 그냥 딱 느꼈어요. '아, 음식이 아니라 생명이구나.'"

서진의 말처럼, 알을 낳을 수 없는 수평아리들은 산란계로서 가치가 없다는 이유로 태어나자마자 죽임을 당합니다.✦ 그것도 거대한 분쇄기에 몸이 갈리는 방식으로요. 이윤추구를 제1의 목표로 하는 자본주의 시스템에서는 죽음마저 '비용'으로 계산됩니다. 이 계산법 앞에서 수평아리들의 고통은 전혀 고려되지 않지요. 무언가 단단히 잘못됐다는 생각이 들지 않나요? 우리는 왜 이렇게까지 잔인한 일을 계속하는 것일까요? 단지 더 많은 달걀과 고기를, 더 싼값에 생산하기 위해 이런 비극을 되풀이해야만 할까요?

동물들은 기쁨과 고통을 모두 느끼고, 즐거움과 슬픔, 괴로움을 아는 존재입니다. 개나 고양이와 함께 살아 본 친구들이라면 알 거예요. 기쁘고 행복할 때, 몸이 아프거나 기운이 없을 때 동물들의 행동과 표정이 어떻게 달라지는지를요. 그런데 이런 특

✦ 산란계는 달걀을 얻기 위해 키우는 닭, 육계는 고기를 목적으로 키우는 닭을 말한다. 산란계는 육계만큼 빨리 자라지 못하기 때문에 수컷 산란계는 '키울 가치가 없는' 것으로 평가받는다.

징은 비단 포유류나 영장류만의 것이 아닙니다. 세계적인 동물 행동학자 조너선 밸컴은 《물고기는 알고 있다》에서 물고기가 고통을 느끼는 것은 물론, 사회생활과 성생활도 폭넓게 영위한다고 밝혔습니다. 어류는 고통을 느끼지 않는다는 과거의 통념을 뒤집은 것이지요.

이러한 연구 결과의 영향으로 최근 영국은 무척추동물인 랍스터, 문어에게도 동물보호법을 확대 적용하는 방안을 논의하고 있습니다. 랍스터와 문어를 조리할 때도 최소한의 인도적 조치가 필요하다는 것이지요. 스위스에서는 갑각류를 산 채로 요리하는 것이 금지되어 있고, 이를 어길 경우 형사처벌 대상이 된다고 합니다. 2017년 이탈리아에서는 바닷가재의 집게발을 끈으로 고정해 얼음 위에 올려 둔 피렌체의 한 레스토랑에 670만 원 가량의 벌금이 부과되었다고 해요.[3]

이처럼 동물이 쾌락과 고통을 모두 느낀다면, 우리가 다른 사람의 고통을 헤아리고 신경 쓰듯 동물에 대해서도 도덕적 책임을 다해야 하지 않을까요? 여기에서 출발한 것이 바로 '동물권' 개념입니다. 우리에게 인간으로서 당연히 누려야 할 권리, 즉 '인권'이 있듯 동물에게도 그러한 권리가 있다는 것입니다. 고통을 피할 권리, 쾌적한 생활을 할 권리, 학대당하지 않을 권리, 실험에 이용되지 않을 권리 등을 넓은 의미에서 '동물권'이라고 부릅니다.

동물권에 관한 논의는 철학자 피터 싱어에 의해 본격적으로 시작되었습니다. 싱어는 동물의 고통에 주목했는데요. 그는 누군가 고통을 느낄 수 있다면 그 대상이 사람이든 동물이든 상관없이 평등하게 대해야 한다고 주장합니다. 동물권 논의에 큰 영향을 미친 또 다른 철학자 톰 리건은 여기에서 조금 더 나아갔어요. 리건은 모든 생명은 자기 삶의 주체이고 그들에겐 내재된 가치가 있으므로 동물의 권리가 그 자체로 존중되어야 한다고 말합니다.

이러한 동물권 논의는 동물에게 더 나은 생활환경을 제공하자는 차원의 동물복지 운동보다 한발 더 나아간 것이라고 볼 수 있습니다. 동물복지는 동물이 고통이나 스트레스를 받지 않도록 환경을 조성하는 등 인간이 동물에게 무언가를 '베푸는' 시혜적 성격이 있지만, 동물권 논의에서 동물권과 인권은 대등한 개념이지요. 인간 동물과 비인간 동물✦이 동등한 존재라는 뜻입니다. 최근 동물권을 보장하자는 목소리가 전 세계적으로 점점 더

✦ 인간 또한 동물임에도 우리가 '동물'이라고 말할 때 거기에 인간은 포함되지 않는다. 이는 인간은 동물이 아닌 것처럼, 동물과 다른 존재인 것처럼 여기도록 한다. 이러한 언어사용이 종차별적이라는 비판에 따라 '인간 동물', '비인간 동물'이라는 표현을 사용하자는 주장이 제기되고 있다. 하지만 여기서는 특별한 경우를 제외하고는 '비인간 동물'을 '동물'로 지칭하겠다.

커지고 있어요. 동물권과 떼려야 뗄 수 없는 것이 바로 생활 방식으로서의 비건입니다. 비건은 동물을 '수단'으로 취급하지 않고 '목적'으로 대하는 삶의 태도를 이르는 말이지요.

저는 5년 전 고등어 무늬를 가진 고양이 '토라'를 반려동물로 맞이하면서 삶의 많은 부분이 바뀌었습니다. 토라가 너무 소중한 나머지 회사에 가도 친구를 만나도 온통 토라 생각뿐이었어요. 예민한 토라가 저의 작은 움직임에도 놀랄 때가 많아서 걷는 법부터 앉아 있는 법까지 전부 다시 배워야 했습니다. 그러다 보니 의아한 생각이 들더군요. '나는 왜 토라는 이다지도 소중히 여기면서 닭과 돼지, 소는 음식으로 먹는 것일까?' 저의 행동이 스스로 납득이 가지 않았습니다. 아무리 생각해도 토라와 그들 사이에는 본질적인 차이가 없는데 말이지요. 그즈음이었습니다, 제가 동물을 먹는 일을 돌아보게 된 건.

눈재

"당시 읽던 책에서 '종차별주의'라는 단어가 아주 잠깐 스쳐 지나갔어요. 그 책이 아직 집에 있는데, 그게 시작이었던 것 같아요. 무언가를 알고 나면 우리에겐 딱 두 가지의 선택지가 남잖아요. 모른 척하거나 아니면 알고 변화하거나."

비건의 삶을 시작한 순간을 눈재는 이렇게 기억합니다. '종차

별주의(speciesism)'에 대한 글을 읽고, 그것이 옳지 않다는 것을 즉각 깨달았던 것이지요. 종차별주의란 인간을 다른 동물보다 우월하게 여기며 인간이 다른 종을 이용하는 것을 당연하게 생각하는 차별적 태도를 말합니다. 피터 싱어는《동물 해방》에서 종차별주의를 이렇게 정의합니다. "자신이 속한 종의 이익만을 추구하고 다른 종의 이익에는 반대하는 편견이나 태도"라고요. 즉, 어떤 존재를 그 존재가 속한 종을 이유로 차별하거나 착취해선 안 된다는 것입니다.

인간보다 순간 기억력이 뛰어난 침팬지, 겨울이 오기 전 땅에 묻었던 씨앗 3만 개를 정확히 찾아낼 줄 아는 까마귀, 100m를 5초 만에 주파하는 치타, 냄새만으로 수 킬로미터 떨어져 있는 파트너를 찾아내는 나방을 과연 인간보다 열등하다고 말할 수 있을까요? 삶의 방식이나 모습이 다를 뿐인데, 누가 더 우월하고 열등한지 우리가 판단하는 것 또한 지나치게 인간 중심적이라고 느껴지지 않나요? 눈재는 책에서 얻은 앎을 곧장 실천으로 옮겼습니다. 알고 나니 실천하지 않을 수 없었다는 눈재의 이야기가 정말 인상적이었어요.

환경문제의 심각성을 깨닫다

그런가 하면 환경에 대한 관심으로 채식을 시작하는 사람들도 있습니다. '채식' 하면 떠오르는 녹색의 이미지가 친환경과 연결되기 때문일까요? 사람들은 대부분 육식보다는 채식이 환경에 이로울 것이라고 막연히 생각합니다. 정말일까요? 지금부터 채식과 환경의 관계에 대해 자세히 알아볼게요.

최근 뉴스에 가장 많이 나오는 단어 중 하나는 아마도 '기후위기'일 것 같습니다. 대기 중의 온실가스 농도가 필요 이상으로 높아져 지구 표면의 온도가 점점 상승하는 지구온난화는 오늘날 가장 시급한 환경문제라고 할 수 있어요.

2021년 8월 유엔(UN)의 산하 기구인 '기후변화에 관한 정부간 협의체'(IPCC)는 지구가 돌이킬 수 없는 변화를 맞고 있다는 내용의 보고서를 발표했습니다. 산업화 이전(1850~1900년)과 비교했을 때 지구 표면 온도는 이미 1℃가 올랐고, 현재 속도대로라면 2021~2040년 사이에 1.5℃가 오를 가능성이 크다는 내용이었지요. 또 2022년 3월 한 국제 연구팀은 전 세계가 지금과 같은 속도로 온실가스를 배출하면 2028~2031년에 1.5℃ 선이 무너질 것이라는 전망을 내놓았습니다.[4]

여름과 겨울의 기온 차이가 40℃를 훨씬 넘는데, 1.5℃가 무은 대수냐고요? 국내외 전문가들은 지구의 온도가 0.5℃만 올라가도 산불이 2배 더 자주 발생하고, 폭염과 폭우 같은 극단적인 기후 현상이 더 빈번해질 것이라고 이야기합니다. 별것 아닌 것처럼 보이는 0.5℃ 차이가 우리 삶의 터전을 사라지게 할 수도 있다는 거지요. 2021년만 해도 중국과 독일에서 폭우가 내리고, 그리스에 폭염이 계속되는 등 어마어마한 재난이 닥쳐 많은 사람이 목숨을 잃었습니다. 이 역시 기후 위기 때문이었어요.

기후 위기를 해결하는 방법에는 여러 가지가 있을 텐데요, 먼저 전 세계가 화석연료의 사용을 획기적으로 줄이고 재생에너지 비중을 늘려야 합니다. 개개인 역시 친환경 교통수단을 이용하고, 과도한 소비를 줄이려 노력해야 할 것이고요. 그런데 기후 위기를 막는 데 채식이 기여할 수 있다는 사실, 알고 있나요? 채식은 개인이 일상생활에서 실천할 수 있는 작지만 효과가 아주 큰 기후 위기 대응 방법입니다.

세현

"대안학교를 다니면서 자연스럽게 나와 나를 둘러싼 환경에 대해 고민하게 됐어요. 채식에 관심이 생긴 것도 '지구에 긍정적 영향을 미칠 수 있는 효과적인 일을 해 보자' 하는 마음에서였던 것 같아요."

세현이 채식을 시작하게 된 계기는 채식과 환경이 밀접한 관계에 있다는 사실을 깨달았기 때문이라고 해요. 지구를 지키기 위해 자기 삶에 변화를 줄 필요성을 느낀 것이지요.

채식을 하면 지구온난화의 원인인 온실가스의 발생량을 줄일 수 있습니다. 온실가스란 이산화탄소나 메탄처럼, 지표면에서 방출되는 복사열을 흡수하는 기체를 말하는데요. 이 기체들이 복사열을 흡수해 만들어 내는 온실효과는 지구의 기온을 일정하게 유지해서 수많은 생명체가 살아갈 수 있도록 돕습니다. 하지만 대기 중의 온실가스 농도가 필요 이상으로 높아지면 에너지가 대기 중에 묶이면서 지구 표면의 온도가 점점 상승하게 됩니다.

그런데 이러한 온실가스를 가장 많이 배출하는 것이 바로 공장식축산 시스템입니다. 인간이 배출한 온실가스의 약 18%, 메탄가스의 경우에는 약 40%가 공장식축산에 의해 발생하는 것으로 알려져 있습니다.[5] 국제 환경 연구 기관인 월드워치연구소(Worldwatch Institute)는 전체 온실가스의 무려 51%를 공장식축산이 배출한다고 발표하기도 했지요.[6] 전 세계의 모든 교통수단을 합친 것보다 공장식축산이 더 많은 온실가스를 내보낸다는 사실, 놀랍지 않나요?

그 이유는 첫째, 사람들이 소와 돼지 같은 가축을 키울 땅을 확보하고 그 동물들에게 먹일 사료를 재배하기 위해 숲과 밀림 등을 파괴하고 있기 때문입니다. 축산업은 이미 지구 육지 면적의 3분의 1가량, 그리고 전 세계 농지의 80%가량을 차지하고 있어요. 지금 이 순간에도 축구장의 절반만 한 크기의 아마존 밀림이 1초에 하나씩 사라지고 있다고 해요. 그런데 이렇게 숲이 사라지면 어떻게 될까요? 숲이 하는 온갖 정화 기능이 멈추는 것은 물론, 이산화탄소를 산소로 바꿔 줄 나무도 부족해져서 지구 온난화는 더 빨라질 수밖에 없을 거예요.

둘째, 소가 내뿜는 메탄가스도 무시할 수 없습니다. 소는 호흡이나 트림을 할 때마다 메탄가스를 몸 밖으로 내보냅니다. 소의 배설물에서도 메탄가스가 나와요. 그런데 이 메탄은 이산화탄소보다 훨씬 치명적입니다. IPCC에 따르면 메탄의 단기적 온실효과는 이산화탄소의 무려 80배에 달한다고 합니다.

이를 해결하기 위해 메탄을 흡수하는 마스크를 소에게 씌우거나 메탄을 적게 배출하도록 소의 유전자를 편집하는 방법이 제시되고 있다는 기사를 최근 보았습니다.[7] 허탈한 한편 화가 나기도 했어요. 소가 메탄을 많이 배출하는 것이 문제라면 지금과 같은 육식 위주의 식문화를 바꾸고, 공장식축산 시스템을 개선해야 하지 않을까요? 진짜 이유는 따로 있는데 마치 기후 위기가 소의 책임이라는 듯 마스크를 씌우고 소의 유전자를 바꾸

다니, 이것이야말로 동물 학대가 아닐까요?

비단 지구온난화만이 아닙니다. 채식을 하면 자원 낭비와 오염도 최소화할 수 있어요. 소고기 1kg을 얻기 위해 얼마만큼의 자원이 들어가는지 생각해 본 적 있나요? 무려 1만 5,000L의 물과 25kg의 곡식이 필요합니다.[8]

또 양식 연어 1kg을 얻으려면 바다의 작은 물고기 15kg이 먹이로 필요하다는 이야기도 있지요. 단순히 수치로만 보아도 무척 비효율적이란 생각이 들어요.

《나는 풍요로웠고, 지구는 달라졌다》를 쓴 과학자 호프 자런은 이렇게 말합니다. 우리가 동물들에게 10억t의 사료를 먹여서 얻는 것은 1억t의 고기와 3억t의 분뇨라고요. 만약 인간이 고기를 지금처럼 많이 소비하지 않는다면, 고기를 얻기 위해 가축에게 먹이는 이 어마어마한 양의 곡식을 절약할 수 있겠지요? 그러면 식량을 구하지 못해 굶주림에 시달리는 가난한 나라의 사람들도 도울 수 있을 거예요. 이런 예측은 수치로도 나와 있습니다. 경제협력개발기구(OECD)에 속한 36개 나라가 고기 소비를 절반으로 줄이면, 세계의 식량용 곡물 생산량이 40% 가까이 늘어날 것이라고 하지요.[9]

마지막으로 축산업이 배출하는 분뇨와 폐수도 빼놓을 수 없습니다. 바다로 흘러간 축산업 폐기물은 해안에 독성 해조류를

증가시키기도 하고, 산소 고갈을 유발해 바다에서 생명이 살아가기 어렵게 한다고 해요.[10] 일부 분뇨는 퇴비로 쓰이지만, 축산업의 규모가 이미 너무 크고 배출량도 많다 보니 한계가 뚜렷합니다. 우리나라도 축산업이 집중된 전라도 지방이 분뇨 오염이 특히 심각한 것으로 알려져 있습니다. 어떤가요? 지금까지 나열한 이유만으로도 지구를 위해 식생활을 바꿀 이유가 충분하지 않나요?

체험으로 비거니즘을 시작하다

앞서 동물권과 환경에 대한 관심으로 비거니즘을 실천하게 된 친구들의 이야기를 들어 보았습니다. 그런데 특별한 이유 없이도 그저 궁금해서, 호기심으로 채식에 관심을 가질 수도 있지 않을까요? 연주의 채식은 '체험'으로 시작되었다고 합니다.

연주 "고등학교 축제에 '환경제'라는 것이 있었어요. 프로젝트를 하나 선택해서 15일간 체험해 보는 거였지요. 그때 채식을 선택하는 친구들이 꽤 많아서 저도 호기심이 동했어요. 그래서 '지금이 아니면 언제 해 보겠어?'라는 마음가짐으로 무작정 시작했던 것 같아요."

연주는 친구들과 함께 체험 삼아 비거니즘에 도전했습니다. 그런데 그 체험이 의미 있고 즐거웠다고 해요. 페스코 베지테리언✦으로 출발한 채식이 연주에게 '동물을 해치지 않는다'는 기쁨과 함께 기존의 관성에서 탈피했다는 해방감을 가져다준 거지요. 이후 연주는 비거니즘과 동물권에 대해 조금씩 공부하기 시작했습니다. 그렇게 약 2년 가까이 페스코 베지테리언으로 생활하다 이후 비건 지향인✦✦이 되었습니다.

연주의 이야기를 들으며 책의 한 대목이 생각났어요. 김한민 작가가 쓴 《아무튼, 비건》에 이런 이야기가 나오거든요. "나는 어느 날 무언가를 보았고, 알게 되었고, 이래서는 안 되겠다 싶어서 변화를 시도했다. 시도의 결과는 좋았고, 시간이 갈수록 더 좋았고, 그러다 보니 이제 다른 사람들과 나누고 싶어졌다. 이게 다다."[11]

물론 김한민 작가는 동물과 동물권을 알게 된 후 비건이 된 경우입니다. 그는 동물권을 수호하기 위해 책을 쓰고 여러 현장을 발로 뛰는 활동가이기도 하지요. 그러니 체험으로 비거니즘

✦ 육류는 먹지 않고 해산물, 동물의 알, 유제품을 먹는 채식주의자. 페스커테리언(pescetarian)이라고도 한다.

✦✦ 엄격하지 않더라도 비건을 목표로 생활하는 사람을 말한다.

을 시작한 사람은 아닙니다. 그러나 "변화를 시도했더니 좋았고, 그래서 다른 사람들과도 나누고 싶었다"라는 그의 말만큼은 연주의 경험과도 공명한다는 생각이 들어요. 비건이 되기 위해 아주 거창한 결심이 필요한 것은 아니니까요. 누구나 처음에는 가벼운 마음으로 비거니즘에 도전해 볼 수 있고, 도전이 의미 있다면 지속할 수도 있는 것이겠지요?

세현 "학교에 채식하는 선배들이 좀 있었어요. 거기에 자극을 받아서 채식을 안 하는 친구들 네 명이 '우리도 일주일만 해 보자' 하고 시작했지요. 일주일을 페스코 베지테리언으로 살았는데, '아, 진짜 잘 버텼다' 하는 느낌이었어요. 사실 진지하게 시작했다기보다는 학교 분위기에 휩쓸려서 도전했던 측면이 있거든요."

제게는 세현의 이야기가 굉장히 인상적이었습니다. '그냥 한번 해 볼까?' 하는 마음으로 도전하는 태도가 중요하다고 생각했거든요. 처음부터 진지한 마음가짐으로 완벽한 비건이 되겠다고 결심하면 성공할 확률보다 실패할 확률이 더 높을 수 있으니까요. 반면 '해 보고 안 되면 다음에 또 도전하면 된다'라는 편한 마음으로 접근한다면 오히려 진입장벽이 낮아질 것 같아요.

최근에는 비거니즘에 입문하는 사람들을 위한 프로그램을 주위에서 쉽게 찾아볼 수 있습니다. 기업이나 시민 단체에서 관련 프로그램을 짜고 참가자를 모집하기도 하지요. 함께 비건 생활에 도전하면 혼자서 할 때보다 의지를 북돋우기도 쉽고, 서로 간에 유용한 팁을 주고받을 수도 있으니까요.

혹시 '비거뉴어리(Veganuary)'라는 말을 들어본 적 있나요? 비건(vegan)과 1월을 뜻하는 영어 '재뉴어리(January)'의 합성어인데요. 1월이 새로운 해를 시작하는 첫 달인 만큼, 가벼운 마음으로 비건 생활에 도전해 보자는 취지를 담고 있습니다. 이 비거뉴어리 캠페인은 2014년 영국의 자선단체가 시작했는데요, 2021년에는 전 세계에서 무려 50만 명이 여기에 참여했다고 해요.[12]

미국의 소설가 조너선 사프란 포어는 아침과 점심에 고기를 먹지 말자고 주장하기도 했는데요. 포어의 말대로 실천한다면 세 끼 중 한 끼에만 고기를 먹는 '66% 비건'이 되는 셈이지요. 학교에 다니는 청소년이라면 급식을 먹는 점심을 빼고, 아침과 저녁을 비건식으로 먹는 방법도 생각해 볼 수 있을 것 같아요. 또 주중에는 평소처럼 먹고, 학교에 가지 않는 주말에는 비건이 되어 보는 방법도 있을 것입니다.

비슷한 캠페인으로 '고기 없는 월요일(Meat Free Monday)'이 있습니다. 월요일만이라도 고기를 먹지 말자는 캠페인으로, 전 세계 곳곳에서 실행되고 있어요. 일주일에 하루만 비건으로 살면 되는 만큼 실천도 쉬워서 초심자들이 많이 도전한다고 하네요. 또 요즈음에는 비건 요리 체험용 패키지뿐 아니라 비건 화장품 체험 키트 등도 다양하게 나오고 있으니, 도전 영역을 단지 음식으로만 한정할 필요는 없을 것 같습니다.

2

비건은 뭘 먹나요?

비건에 대한 흔한 오해 중 하나는 비건은 먹을 것이 없다는 것입니다. 저도 비건을 시작한 이후 '그럼 뭘 먹고 사냐'라는 질문을 정말 많이 받았어요. '고기를 안 먹으면 단백질은 어디서 얻냐', '풀만 먹고 살면 도대체 무슨 재미냐'라는 이야기들과 함께 말이지요.

이 질문과 관련해 두 가지를 생각해 볼 수 있을 거예요. 첫째는 우리가 그만큼 동물성 식품에 많이 의존하고 있다는 사실입니다. 그래서 고기나 우유 같은 식품을 빼면 먹을 게 거의 없는 것처럼 느껴지지요. 두 번째는 많은 사람이 비건을 단순히 고기나 우유, 달걀을 '먹지 않는' 사람으로 생각한다는 점입니다. 비건을 정의할 때 무언가를 '먹지 않음'에 초점을 맞추는 것이지요.

그런데 정말 비건으로 살면 먹을 수 있는 것이 별로 없을까요? 또 비건은 단지 동물성 식품을 '먹지 않는' 사람일까요? 2장에서는 비건이 무엇을 먹고 어디서 영양분을 얻는지, 또 그것으로 충분한지, 비건을 어떻게 정의하는 것이 옳은지 등을 함께 생각해 보기로 해요.

우리 사회의 단백질 신화

생명체가 살아가는 데 가장 중요한 세 가지 영양소인 탄수화물, 단백질, 지방을 3대 영양소라고 부릅니다. 탄수화물과 지방은 주로 에너지를 내는 데, 단백질은 우리 몸의 구성 성분을 만드는 데 사용되지요. 그래서일까요? 모두 우리 몸에 꼭 필요한 것이지만, 우리 사회는 유독 단백질에 더 비중을 두는 것 같습니다. '탄수화물은 적게 먹고, 단백질을 많이 섭취하라'라는 이야기가 건강에 유용한 팁처럼 전해지지요. 특히 성장기 청소년을 대상으로 단백질 섭취의 중요성을 강조하는 경우가 많습니다.

연 주 "'성장하는 시기이니 무조건 단백질을 먹어야 한다'고 말하는 사람이 많잖아요. 그것도 동물성단백질, 고기를요. 그런데 조금만 깊이 들어가 보면 사실과 다른 정보도 많은 것 같아요. 우리 사회가 지금 같은 단백질 신화에서 벗어나야 한다고 생각해요."

'단백질 신화'란 사람들이 단백질을 유난히 강조하고, 단백질을 절대적인 것에 가깝게 생각하는 현실을 가리키는 말입니다. 단백질은 무조건 건강에 좋고, 많이 먹을수록 좋다는 오해이지요. 이런 오해는 '단백질=고기'라는 등식과도 연결됩니다.

여기서 두 가지를 함께 짚어 보고 싶어요. 먼저 단백질은 동물성 식품에만 있지 않다는 사실입니다. 단백질의 기본 구성단위인 아미노산 중 우리가 몸 안에서 합성해 낼 수 없는 것을 필수아미노산이라고 부르는데요. 이 필수아미노산은 동물성 식품 못지않게 식물성 식품에도 많이 들어 있습니다. 미국심장협회(American Heart Association)는 "식사에서 단백질을 충분히 섭취하기 위해 굳이 동물성 식품을 먹을 필요가 없다"라면서 "식물성단백질만으로도 필수아미노산 및 비필수아미노산을 충분히 공급받을 수 있다"라고 밝힌 바 있지요. 채소와 견과류, 곡물에도 다량의 아미노산이 들어 있기 때문입니다.[1]

우리는 소나 돼지 같은 동물의 고기에만 아미노산이 들어 있다고 생각하는 경향이 있습니다. 그런데 애초에 소와 돼지는 무엇을 먹고 아미노산을 만들었을까요? 당연히 풀(식물)입니다. 동물은 스스로 필수아미노산을 만들어 내지 못하기 때문입니다. 즉, 소와 돼지가 풀을 먹고 만들어 낸 단백질을 사람이 다시 먹고 있는 거예요. 그렇다면 굳이 동물을 먹지 않고 식물에서 바로 영양분을 얻는 편이 훨씬 효율적이지 않을까요? 지금처럼 동물을 대규모로 사육할 필요가 없으니 축산업으로 인한 환경오염도 걱정하지 않아도 되고요.

둘째, 단백질을 필요 이상 섭취하는 것은 오히려 건강에 좋지 않습니다. 과도한 단백질 섭취는 심장질환이나 신장질환, 골다공증을 유발할 수 있어요. 미국과 프랑스의 대학 두 곳이 약 8만 명의 성인을 대상으로 공동연구한 결과, 육류 단백질을 많이 섭취한 사람은 심장질환에 걸릴 위험이 60% 더 높았다고 해요. 연구진이 추적한 9년 6개월 동안 심장질환으로 사망한 사람은 2,276명이었는데, 이들의 식단과 섭취 영양소를 살펴보니 육류 섭취 비중이 평균보다 높았다고 합니다. 모든 동물성단백질이 심장질환 위험을 높였지만, 특히 더 위험한 것은 돼지와 소, 양고기였고요.[2] 이 연구는 우리 몸이 필요로 하는 것 이상으로 단백질을 섭취하는 것이 얼마나 위험한지를 잘 보여 줍니다.

서진 "학교에 가끔 각 분야의 전문가인 교수님들이 특강을 하러 오시거든요. 그런데 그분들도 채식과 영양의 상관관계에 관해서는 잘 모르시는지 확실한 근거가 없는 말씀을 하실 때가 있더라고요. 한번은 어떤 교수님이 '뇌에는 단백질이 중요하니까 채식은 하면 안 된다'라고 하셨는데, 사실 좀 충격이었어요.

말씀 끝에 농담이라고 하시긴 했지만 내심 놀랐지요."

위 발언에는 '채식으로는 필요한 단백질을 모두 충당할 수 없다'는 전제가 깔려 있어요. 그런데 정말 그런지 한번 따져 볼까요? 세계보건기구(WHO)는 하루에 몸무게 1kg당 0.8g의 단백질을 섭취하라고 권고합니다. 체중이 50kg인 사람이라면 50 곱하기 0.8, 즉 40g의 단백질을 섭취하면 되는 것이지요.

현미밥과 된장찌개, 두부조림과 시금치나물, 배추김치로 구성된 한 끼 식사를 생각해 보겠습니다. 식품의약품안전처(이하 식약처) 식품 영양 성분 데이터베이스에 따르면 현미밥 한 공기(230g)에는 약 7.14g의 단백질이 들어 있습니다. 된장찌개(200g)에는 6.76g의 단백질이 포함돼 있기에 현미밥과 된장찌개를 같이 먹는다면 총 13.9g의 단백질을 섭취할 수 있어요. 여기에 두부조림(50g)을 함께 먹으면 4.82g의 단백질을 더 얻을 수 있고요. 시금치나물(50g)에는 1.87g, 배추김치(40g)에는 0.68g의 단백질이 들어 있습니다. 이렇게 하면 한 끼에 섭취할 수 있는 단백질의 양은 총 21.27g이 되지요. 어떤가요? 벌써 1일 권장량인 40g의 절반을 넘게 채웠습니다. 이런 채소 위주 식사를 하루에 두 끼만 해도 단백질 권장량을 충당하고도 남는다는 이야기지요. 세 끼 식사 외 간식도 다양하게 먹는다면, 단백질이 부족하기는커녕 오히려 넘치게 섭취할 수도 있다는 생각이 들어요.

인간의 생애주기에서 단백질을 가장 많이 필요로 하는 시기는 아마도 유아기가 아닐까 싶습니다. 몸이 가장 많이 자라는 시기이기 때문이에요. 그렇다면 아기가 먹는 모유에는 성장에 필요한 단백질이 충분히 들어 있어야겠지요? 그런데 식약처에 따르면 100g의 모유에 함유된 단백질 양은 단 1.1g에 불과합니다. 반면 탄수화물은 7.2g, 지방은 3.5g을 차지하고 있어요. 아기에게도 '절대적으로 많은 양'의 단백질이 필요한 것은 아니라는 뜻입니다.

유아, 성장기 청소년뿐 아니라, '채식을 하면 안 된다'고 생각하기 쉬운 사람이 또 있습니다. 바로 임신부입니다. 그런데 세계적으로 권위 있는 영양학 협회인 미국영양학협회(American Dietetic Association), 영국영양재단(British Nutrition Foundation) 등에서는 균형 잡힌 채식은 유아기와 아동기, 노년기 등을 포함한 삶의 전 단계에 있어 영양학적으로 적합하다고 발표한 바 있습니다.[3] 심지어 임신부와 수유기에 있는 산모도 일상생활을 영위하는 데 필요한 영양을 채식을 통해 100% 충당할 수 있다고 해요.[4] 이 말인즉슨, 채식을 해도 단백질을 포함한 필수영양소 섭취에 전혀 문제가 없다는 뜻입니다.

채식을 시작하고 2년쯤 되었을 때 건강검진을 받은 기억이 납니다. 당시 저는 '채식 초보'였기에, 혹시나 저도 모르는 사이 단백질 부족에 시달리는 것은 아닐까 염려하는 마음이 있었어요. 채식을 하면서 군살도 많이 빠져서, 이게 바로 지방과 함께 근육이 빠지는 '근손실'인가 하고 걱정도 했던 것 같아요. 저 역시 단백질 신화에서 완전히 벗어나지 못했던 거예요. 검진을 마치고 두근거리는 마음으로 의사 선생님께 여쭈었는데, 제 몸의 영양 균형이 "더할 나위 없이 훌륭하다"라고 하시더군요. 건강한 채식만으로도 제게 필요한 영양소를 얼마든지 공급받을 수 있다는 사실을 실제로 확인한 것 같아 무척이나 뿌듯했습니다.

고기·우유·달걀·생선은 건강에 좋을까?

사람들은 흔히 고기·우유·달걀·생선에서 단백질을 얻습니다. 그런데 이 음식들은 정말 우리 몸에 좋을까요? 여러 연구 결과에 따르면 그렇지 않은 것 같습니다. 세계보건기구는 햄이나 베이컨 같은 가공육을 1군 발암물질로, 소고기와 돼지고기, 양고기 같은 적색육을 2A군 발암물질로 지정한 바 있습니다.✦ 1군 발암물질 목록에는 가공육 외에도 담배와 석면처럼 건강에 치명적인

✦ 1군은 인체에 암을 유발한다는 충분한 자료가 있는 경우, 2A군은 인체에 관한 자료는 불충분하지만 동물실험 근거 자료는 충분한 경우를 말한다.

것들이 포함돼 있어요. 또한 세계보건기구는 하루에 100g씩 적색육을 먹을 경우 대장암 발생 위험이 17% 높아진다고 경고했는데요, 가공육의 경우에는 하루 50g씩만 먹어도 대장암 위험이 18% 높아진다고 해요.[5]

서진 "예전에 어딘가에서 들었던 이야기 중에 인상 깊은 것이 있어요. 먹는 것에는 두 가지가 있는데, 하나는 마음을 먹는 것이고 다른 하나는 음식을 먹는 거래요. 그런데 둘 다 먹는 것이기 때문에 이 두 가지가 연결될 수밖에 없다는 거예요. 우리가 어떤 음식을 먹느냐에 따라 우리 마음 상태가 달라질 수밖에 없다는 거지요. 동물들을 이렇게 잔인하게 죽여서 먹는다면, 그 스트레스와 화가 그대로 우리에게 올 수밖에 없지 않을까요? 동물들에게 성장촉진제 같은 약물도 엄청나게 쓰는데, 그건 다 어디로 갈까요."

서진의 말이 맞습니다. 비단 암과 같은 질병의 문제만이 아니지요. 농장주들은 항생제와 구충제, 항염증제 같은 다양한 동물용 의약품을 동물들에게 쓰는데요, 이 역시 비용 때문입니다. 축산 동물들은 좁은 곳에서 밀집 사육되다 보니 질병에 취약하고 서로서로 병을 옮기기도 쉽거든요. 전염병이 발생하면 이를 사후적으로 치료하는 데 돈이 많이 드니, 동물들이 병에 걸리기 전에 미리 약물을 써서 질병을 막는 거예요. 아프지 않은 동물들에게 무분별하게 약물을 투여하는 것은 당연히 옳지 않은 행위이고요.

설상가상으로 동물의 몸에 흡수된 이 약품들은 사라지지 않습니다. 식약처가 동물의 몸에 남은 약품이 허용치를 초과하지 않도록 기준을 정해 관리하고 있기는 하지만, 지금도 소고기, 돼지고기 등에서 항생제가 초과 검출됐다는 기사를 쉽게 볼 수 있어요.[6] 아주 적은 양이라 하더라도 동물용 의약품이 우리 몸에 쌓이면 여러 문제를 일으킬 수 있겠지요? 무분별하게 항생제를 써서 내성이 생기면 정말 필요할 때 약이 듣지 않는 상황이 올 수도 있고요.

한편 이런 일도 있었습니다. 2022년 봄, 울진 산불 현장에서 탈출하려던 소 '소원이'는 불이 붙은 축사 울타리를 뛰어넘으려다 뒷다리가 부러졌고, 이후 제힘으로 일어서지 못했습니다. 하지만 소원이의 주인은 고통스러워하는 소원이에게 약을 주지 않았다고 해요. 약물이 들어가면 도살장에서 육류로 취급받을 수 없고 유통도 되지 않기 때문이었다고 합니다. 소원이는 동물보호단체에 의해 구조되고 나서야 항생제를 맞고 필요한 치료

를 받을 수 있었어요.✦

일부 식품업체에서는 '항생제를 전혀 쓰지 않은 소고기'라며 자랑스럽게 홍보합니다. 그런데 이 경우 동물들은 항생제를 맞지 않아도 될 만큼 건강하고 행복했던 것일까요? 그만큼 안전하고 쾌적한 환경에서 자란 것일까요? 아마도 아니었을 것입니다. 생명을 위협당할 만큼 아픔을 느끼면서도 '품질 좋은 고기'가 되기 위해 치료조차 받지 못했을지도 모릅니다.

서진 "최근에 정부의 우유 급식 목표를 읽고 정말 충격을 받았어요. 우유 급식의 목표가 성장기 학생들에게 필수영양소를 공급해 건강 증진에 기여한다는 내용이었는데, 사실 이건 '우유 신화'와 비슷한 것 같거든요. 성장촉진제와 항생제가 잔뜩 들어간 우유를 먹어서 좋을 게 없으니까요."

제가 비건 지향인으로 살고 있다고 하면 꼭 따라붙는 질문이 있습니다. "그럼 우유도 안 먹어? 달걀은?" 같은 질문이에요. "처음 채식을 시작했을 때는 먹었지만 지금은 먹지 않는다"라고 대

✦ 동물권행동 카라에 의해 구조된 소원이는 2022년 3월 8일 끝내 별이 되었다. 소원이의 명복을 빌며, 모든 축산 동물이 소원이와 같은 죽음을 맞지 않을 날이 오기를 간절히 바란다.

답하면 "그것마저 안 먹으면 도대체 단백질을 어디서 얻냐"라는 답이 돌아오기도 해요. 위에서 언급했던 '단백질=고기' 등식 외에도 우리 사회에 여러 가지 편견이 자리하기 때문이 아닐까 싶습니다. 그 가운데 하나는 우유와 달걀이 '완전식품'✦이라는 생각일 것입니다. 그런데 이것들이 정말 우리 몸에 좋기만 할까요?

먼저 우유가 어떤 식품인지 알려면 우유가 만들어지는 과정을 알아야겠지요. 소가 젖을 만들어 내려면 출산을 한 상태여야 하기 때문에, 축산 농가에서는 소를 계속해서 강제로 임신시킵니다. 소의 항문에 주먹을 넣어 자궁 입구를 고정시키고 인공수정관을 소의 질에 밀어 넣습니다. 이후 출산한 소에게서 젖이 나오기 시작하면 자연 생산량의 10배에 달하는 우유를 짜냅니다.

이 과정에서 소는 엄청난 고통을 느낍니다. 억지로 젖을 짜는 과정에서 소의 피부에서 떨어져 나온 피와 고름이 우유에 섞여 들어가게 되는데요, 낙농업계는 이 피고름을 '체세포'라는 이름으로 부르며 판매합니다. 체세포가 가장 적게 섞인 우유를 1등급, 가장 많이 들어간 우유를 5등급이라고 하면서요. 소비자 대부분은 체세포가 어떤 것인지 정확히 모른 채 우유가 몸에 좋다

✦ 사람에게 필요한 영양소를 대부분 갖추고 있는 단독 식품.

는 말을 믿고 우유를 소비하지요.

젖소는 자기가 낳은 송아지와 곧장 생이별을 당합니다. 젖이 멈추지 않도록 새끼를 낳고 새끼를 빼앗기는 과정을 반복하다가 더 이상 이 일을 감당할 수 없어지면 도축당해 고기가 됩니다. 소가 낳은 송아지는 어떻게 되냐고요? 암컷 소는 어미 소와 똑같은 과정을 반복해서 겪고, 수컷은 곧 '송아지 고기'로 판매됩니다. 이것이 낙농업계에서 매일 같이 벌어지는 일입니다. 극도의 공포와 스트레스 속에 새끼를 잃은 어미 소와, 상처 입은 소의 몸에서 떨어져 나온 조직들. 이것이 우유의 진짜 모습이 아닐까요?

우유에 관한 또 다른 사실을 알아볼까요? 흔히 우유는 칼슘이 풍부해 뼈를 튼튼하게 만들어 준다고들 하지요. 그런데 혹시 칼슘 패러독스, 즉 칼슘의 역설이라는 말을 들어 보셨나요? 스웨덴이나 노르웨이, 미국, 독일처럼 1인당 연간 우유 소비량이 많은 국가에서 오히려 대퇴골 경부 골절 환자가 많이 발생한다는 것인데요. 이 대퇴골 경부 골절은 본래 노인에게 주로 생기는 것으로 알려져 있습니다. 《우유의 역습》의 저자 티에리 수카르는 "2002년 세계보건기구는 이런 상황을 칼슘 패러독스라는 명칭으로 분명히 인정한 바 있다"[7]라고 밝혔지요. 어떤가요? 우유가 완전식품이라는 명제를 비판적으로 보아야 하지 않을까요?

달걀 역시 마찬가지입니다. 달걀은 콜레스테롤 함유량이 높은 식품입니다. 세계보건기구 기준 1일 콜레스테롤 섭취 권장량은 300mg인데요, 식약처에 따르면 달걀 100g(약 한 개 반)에만 305.56mg의 콜레스테롤이 들어 있습니다. 즉, 하루에 달걀을 한 개 반만 먹어도 이미 권장섭취량을 초과할 정도이지요. 콜레스테롤을 많이 섭취하면 동맥경화와 고지혈증 같은 혈관 질환이 발생할 수 있기 때문에, 평소 콜레스테롤 수치가 높거나 고혈압 등 심혈관질환 가족력이 있는 사람에게는 계란이 '건강한' 식품이 아닐 수 있습니다.

일부 사람들이 고기보다 무해하다며 많이 찾는 생선에 대해서도 생각해 볼 필요가 있습니다. 특히나 최근에는 생선이 미세플라스틱에 오염돼 있다는 보도를 어렵지 않게 찾아볼 수 있으니까요. 미세플라스틱은 플라스틱이 분해되는 과정에서 생기는 것으로, 크기가 5mm 이하인 작은 플라스틱을 말하는데요. 치약이나 세안제 같은 제품을 사용할 때나 합성섬유로 된 옷을 세탁할 때 미세플라스틱이 나온다고 합니다. 이는 하수도를 통해 바다로 흘러들어 가고요. 이뿐만 아니라 버려진 플라스틱이 바다를 떠돌아다니다가 햇빛이나 파도에 의해 부서지면서 미세플라스틱을 만들기도 합니다. 그 결과 오늘날 바닷속 미세플라스틱의 수는 무려 51조 개에 달한다고 해요.

물고기들은 이 미세플라스틱을 음식으로 착각해서 먹고, 미세플라스틱은 먹이사슬을 따라 우리 밥상까지 오게 됩니다. 환경단체 그린피스에 따르면 지중해에서 포획된 황새치와 참다랑어, 날개다랑어 5마리 중 1마리에서 플라스틱 조각이 나왔다고 해요.[8]

미세플라스틱은 몸 밖으로 잘 배출되지 않기 때문에 굉장히 위험할 수 있습니다. 인간이 미세플라스틱을 섭취할 경우 암이나 소화장애 같은 질환이 발생할 수 있다는 보고서가 나오기도 했지요.[9] 또 생선이 중금속에 오염되어 있다는 것은 잘 알려진 사실입니다. 체내에 중금속이 쌓여 중독을 일으키면 각종 병이 생길 수 있는데요, 특히 오염된 환경에서 자란 참치 등을 섭취할 경우 수은에 노출될 가능성이 높아진다고 합니다.

그럼 뭘 먹지?

고기와 우유, 달걀과 생선을 모두 빼면 도대체 뭘 먹냐고요? 채소만 우걱우걱 씹어 먹는 것 아니냐고요? '채식'이라고 하면 사람들은 대부분 채소와 과일 위주로 식사하는 '자연 식물식'을 떠올립니다. 자연 식물식이란 채소는 데치거나 찌는 방식으로만 조리하고, 곡물도 현미 같은 통곡물 위주로 먹는 것을 말합니다.

하지만 비건식에는 자연 식물식만 있는 것이 아니에요. 우리가 먹는 요리를 대부분 비건식으로 대체할 수 있지요. 음식에 들어가는 동물성 재료를 다른 재료로 바꾸기만 한다면 말이에요. 고기를 빼고 담백하게 끓인 김치찌개, 해물 없이도 구수한 맛을 내는 된장찌개, 미역의 향이 살아 있는 시원한 미역국, 맛보고 싶지 않나요?

금비 "좋아하는 비건 요리가 정말 많아요. 평소에는 좀처럼 밖에서 사 먹지 않고 주로 집밥을 먹거든요. 채소를 여러 가지 넣어서 볶아 먹는 것도 좋아하고, 오트밀에 땅콩을 올려서 먹는 것도 좋아해요. 과일도 많이 먹어요. 흰밥에 채소만 먹는 게 채식이 아니라는 걸 친구들한테도 보여 주고 싶어요. 채식만으로도 훌륭한 한 끼 식사를 할 수 있다는 것을요."

금비는 채식의 기쁨에 대해 이야기해 주었는데요, 저도 정말 공감했습니다. 저는 이전까지 고기가 없으면 밥을 못 먹는 사람에 가까웠거든요. 무엇을 먹든 고기반찬을 곁들여야 했고, 국에도 고기가 들어 있지 않으면 허전함을 느꼈지요. 조금 부끄러운 이야기지만 채소는 모두 비슷비슷한 맛을 내는 것 같았고, 그래서 힘들여 채소를 씹는 일을 무의미하다고 여겼어요. 사람들이

채소를 먹는 것은 맛 때문이 아니라 그저 건강에 좋기 때문일 거라고 지레짐작했지요.

그런데 채식을 시작하고 나서 그게 아니라는 것을 깨달았습니다. 채소 각각의 맛과 향에 눈을 떴고, 그 매력에 흠뻑 빠지게 되었어요. 더욱이 제가 이제까지 먹어 온 요리가 단 한 가지 맛, '고기 맛'이었다는 사실에 충격을 받았습니다. 고기는 아주 적은 양으로도 그 요리를 장악합니다. 그래서 다른 재료가 지닌 특유의 향과 맛을 가리기 쉬워요. 돌이켜 보면 제 채식 생활은 '채소가 이렇게나 맛있는 것이었다고?', '고기 없이도 이렇게 맛이 있다고?'의 연속이었습니다. 비건 지향 생활에 도전하는 친구들은 아마도 저 혹은 금비와 비슷한 감정을 느낄 거예요.

우리가 '맛있다'라는 감각을 느끼는 순간에 대해 잠시 돌아볼까요? 우리가 맛이 있다고 느끼는 것은 대부분 음식의 양념일 경우가 많습니다. 사람들은 고기 요리의 양념, 즉 양념의 맛과 향을 즐길 뿐 고기 조직이나 근육을 씹는 것 자체를 즐기는 경우는 많지 않은 것 같아요. 치킨, 돈가스, 제육볶음 등 인기 있는 음식들을 떠올릴 때도 바삭한 튀김옷의 식감이나 매콤달콤한 양념이 먼저 생각날 겁니다. 우스갯소리지만 '튀김이라면 구두를 튀긴 것도 맛있다'는 이야기도 있지요? 그만큼 음식에 어떤 '옷'을 입히느냐가 그 음식의 풍미를 좌우한다는 뜻일 거예요. 그렇다면 채소에 다양한 옷을 입히면 비건으로도 얼마든지 맛있게 먹을 수 있지 않을까요?

승주 "저는 사실 '정크 비건'✦에 가까워요. 과자나 떡 같은 것들을 사 놓고 학교 기숙사에서 막 먹거든요. 이렇게 포화지방을 많이 먹으면 비건을 해도 몸이 건강해지지 않을 거라는 생각은 들지요.(웃음) 비건이 된 이후로도 감자칩이나 커피, 초콜릿 같은 것들을 잘 먹는 편이에요."

승주의 말처럼, 비건이라고 해서 좋아하는 간식을 먹을 수 없는 것은 아닙니다. 비건이 먹을 수 있는 기호식품도 얼마든지 많으니까요(포털사이트를 통해 편의점에서 손쉽게 살 수 있는 비건 간식 목록도 찾아볼 수 있답니다). 또 요즘에는 동물성 식품을 대체하는 '대체식품'이 다양하게 나와서, 비건 지향인이 먹을 수 있는 간편식도 많아졌습니다. 콩이나 버섯으로 만든 식물성 고기는 기본이고, 식물성 치즈와 달걀, 식물성 참치까지 상품으로 출시되었을 정도니까요. 비건 지향인이 되기 전에 저는 중국 음식을 즐겨 먹었는데요, 최근에 비건 꿔바로우와 비건 깐풍기가 나온 것을 보고 얼마

✦ 정크푸드를 많이 먹는 비건.

나 반가웠는지 모릅니다. 이제는 원한다면 비건을 지향하면서도 얼마든지 예전과 비슷한 식생활을 영위할 수 있어요.

'무엇을 먹느냐'도 물론 중요하지만, 못지않게 중요한 것이 '어떻게 얻은 것을 먹느냐'인 것 같습니다. 다른 존재를 해치지 않고 만든 음식이면서 주위 환경에도 이롭다면 더할 나위 없겠지요. 그런 예로 '로컬푸드'를 생각해 볼 수 있을 것 같아요. 로컬푸드란 반경 50km 이내에서 생산된, 장거리 운송을 거치지 않은 농산물을 말하는데요. 생산자와 소비자의 거리를 줄임으로써 중간 유통비용을 최소화한 것입니다. 상품이 운송되는 거리를 줄이면 온실가스 발생 걱정도 덜 수 있고요. 그뿐인가요? 먼 거리를 갈 필요가 없으니 살충제나 방부제가 쓰일 확률도 낮습니다.

한편 비건 중에는 식물성이라 하더라도 팜유와 아보카도 같은 일부 식품은 먹지 않는 사람도 많습니다. 팜유는 기름야자의 과육에서 짜낸 식물성기름인데요, 시중의 거의 모든 과자나 빵, 라면에 이 팜유가 쓰입니다. 팜유 주요 산지인 인도네시아의 농장들은 팜유의 수요를 충당하기 위해 열대우림을 파괴했고, 이 때문에 오랑우탄 같은 동물들의 서식지가 사라졌습니다. 사람들이 기름야자를 심으려고 열대우림에 불을 질러 오랑우탄이 목숨을 잃는 일도 많다고 해요. 보르네오섬에서는 1999~2015년

사이 무려 10만 마리의 오랑우탄이 목숨을 잃었습니다.[10]

아보카도 역시 몸이 무거운 과일입니다. 아보카도를 재배하려면 어마어마한 양의 물이 필요한데요, 물발자국네트워크(Water Footprint Network)에 따르면 아보카도 한 알이 영그는 데 들어가는 물은 자그마치 272L라고 합니다. 주요 아보카도 생산지 중 한 곳인 칠레에서는 주민들이 먹을 물마저 아보카도 재배에 끌어다 쓰면서 수많은 사람이 고통받고 있다고 해요. 그뿐만 아닙니다. 전 세계 아보카도의 40% 이상을 생산하는 멕시코의 경우, 아보카도를 탈취하기 위해 납치·살해 같은 범죄까지 일어나는 상황이라고 합니다.

어떤가요? 우리가 지금껏 먹어 온 것들, 먹고 있는 것들에 대해 모르는 게 너무 많았지요? 막연하게 믿어 온 것이 근거 있는 정보인지, 몸에 좋다고 생각했던 것들이 실제로도 그런지, 먹거리 뒤에 우리가 알아야 할 진실이 숨어 있지는 않은지 살펴볼 필요가 있습니다. 비거니즘은 우리가 관심을 가지고 들여다보려 하지 않았던 축산업과 어업 현장이 어떤 곳인지, 그곳에서 동물들은 어떤 고통을 겪고 있는지를 직시하는 계기가 되어 주기도 할 것입니다. 알고자 할 때 우리는 단절을 벗어나 또 다른 세상과 연결될 수 있을 거예요.

3

유별난 존재가 된다는 것

남들과 다른 길을 가는 것은 쉽지 않습니다. 세상의 기준과 상관없이 자기 삶의 의미를 찾아가는 일은 가치 있는 일이지만, 타인에게는 자칫 까다롭고 유별난 사람으로 비칠 수도 있지요. 특히나 '다름'을 받아들이는 데 시간이 걸리는 폐쇄적이고 보수적인 집단에서라면 더욱 그럴 거예요.

비건을 지향한다고 밝힌 후 저도 크고 작은 경험을 했습니다. '왜 그렇게 힘들게 사냐', '고기를 먹지 않는다니, 인생의 큰 즐거움을 잃은 것 아니냐'는 말도 숱하게 들었지요. 신념에 따라 무언가를 선택하고, 그에 따라오는 결과를 감당하는 것은 성인인 제게도 쉬운 일이 아니었습니다. 그런데 또래집단의 영향을 받으며, 부모님과 선생님을 비롯한 주변의 많은 어른과 관계 맺고 있는 청소년이 비건을 선택한다는 것은 어떤 의미일까요?

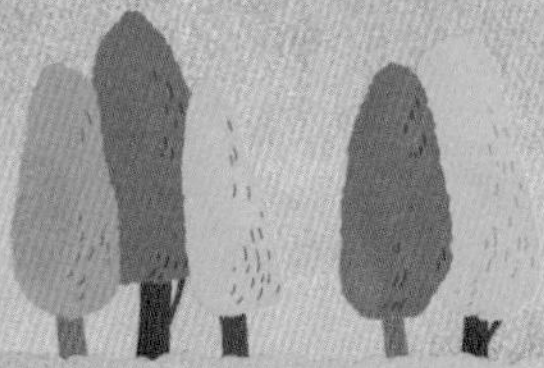

3장에서는 비건을 지향하는 사람들이 맞닥뜨리는 반응을 중심으로 이들이 공동체 생활에서 어떤 어려움을 겪고 있는지 살펴보려고 합니다. 이를 통해 비건에 대한 우리 사회의 통념과 편견에 대해서도 짚어 보겠습니다.

"육식은 자연스러운 거야"

고기를 먹지 않는다고 하면 으레 듣는 이야기가 있습니다. 그중에는 '인간은 원래 고기를 먹는다'와 같은 말이 있지요. 인류가 오랫동안 육식을 해 왔기 때문에, 채식을 하는 것은 '본성에 반하는 것', '자연스럽지 못한 것' 취급을 받기도 합니다. 특히 비건을 지향하는 청소년들이 건강하지 못한 식생활을 할까 봐 염려하는 가족들이 이런 말을 건넬 때가 많은 것 같아요.

서진 "부모님이 비건을 왜 하려고 하느냐고 물으시더라고요. 그래서 가장 먼저 공장식축산의 문제를 이야기했어요. 이해할 수 없다는 반응이 돌아왔지요. '그럼 공장식축산에서 나온 것들만 먹지 마라' 이렇게……. 부모님뿐 아니라 주변 어른들 다수가 그러셨어요. '영양분 섭취는 어떻게 할 거냐. 우리는 옛날부터 고기를 먹어 왔다. 그러니 너만 다르다고 생각하지 말고 그냥 먹어라' 같은 이야기요. 할머니는 가끔씩 동물성 식재료를 몰래 넣은 볶음밥을 만들어서 제게 주셨고요."

우리는 흔히 육식을 '본능에 가까운 것'이라고 생각합니다. 그런데 정말 그럴까요? 육식의 역사는 오래되었습니다. 인류는 약 250만 년 전부터 고기를 먹어 온 것으로 알려져 있지요. 그러나 이 육식이 '필연적인' 것이었느냐고 묻는다면 반드시 그렇다고 대답할 수는 없습니다. 책《고기를 끊지 못하는 사람들》에 따르면 인류가 육식을 하게 된 것은 우연에 가까웠습니다. 당시 지구에 찾아온 기후변화로 나무 열매와 이파리 등이 줄면서 식량을 찾기 어려워지자, 인간들이 다른 생명을 잡아먹기 시작한 것이에요. 고기가 인류 식단의 일부분이 된 것도 이때부터였습니다.

우리의 치아도 인간이 육식동물이 아니라는 사실을 뒷받침합니다. 사람 치아의 90%는 어금니와 같은 '맷돌형'입니다. 채소와 과일을 씹어 먹기에 적합한 구조이지요. 우리 치아 중 가장 날카로운 송곳니 역시 육식동물의 것과 비교하면 무딘 편입니다. 내장 길이는 어떤가요? 육식동물의 장이 무척 짧은 것과 달리, 인간의 장은 섭취한 식물을 충분히 소화할 수 있도록 길게 발달했습니다.[1]

그러니 육식은 '문화적으로 만들어진' 것이라고 볼 수 있을 듯합니다.《고기에 대한 명상》의 저자 벤저민 워개프트는 육식이 확산한 양상이 투표권이 확대한 양상과 비슷하다고 이야기 합니다. 부르주아계급의 남성에게만 주어졌던 투표권이 남성 시민 전체로 그리고 여성과 흑인에게로 점진적으로 확대된 것처럼, 계급 간 차별이 사라지면서 고기를 소비하는 사람 역시 늘어났다는 것이지요. 다시 말해 고기를 먹는 것이 인간의 본성이라고 말할 수 없다는 뜻입니다.

육식이 우리 본성에 결부된 것이 아니라면 공장식축산은 어떨까요? 지금과 같은 형태의 공장식축산은 20세기 중반에 자리 잡았습니다. 그 원형은 19세기 서양에서 만들어진 축산 시스템이라고 해요. 길어야 200년 정도밖에 되지 않은 시스템이 현대사회에서는 필연적이고 대체할 수 없는 것인 양 받아들여지고 있는 것입니다. 우리는 공장식축산이 얼마나 잔인한 동물 학대를 일삼는지, 우리의 터전을 어떻게 오염시키는지를 1장에서 이미 알아보았습니다. 공장식축산보다 덜 잔혹하고 더 환경친화적인 시스템을 상상하고 현실을 바꾸어 나가야 할 것입니다.

금비 "엄마와 아빠는 제가 채식을 하겠다고 하니 처음엔 굉장히 놀라셨지만 존중해 주셨어요. 제가 고기 소비를 줄이는 만큼 함께 줄이려는 노력도 해 주셨고요. 아빠가 콩고기를 사 오셨을 때는 기쁘기도 했고, 또 놀라기도 했어요. 그런데 친척들과 만날 때는 솔직히 지금도 좀 힘들어요. 한번은 친척 어른 댁에서 밥을 먹을 때 김을 가져가서 먹었거든요. 친척 어른이 보시고는 '성장기엔 고기를 먹어야 한다'고 말씀하셨지요. 다들 저를 걱정하셔서 하시는 말씀이라는 걸 알지만 속이 상해요. 친척들과 식사하는 자리에서 울음을 터뜨린 적도 있다니까요."

금비의 이야기를 들으며 저 역시 마음이 무거웠습니다. 육식 위주의 식문화, 어른의 말을 청소년의 말보다 더 무게 있게 다루는 우리 사회의 분위기 그리고 가족 내 의사소통의 문제까지. 이 이야기 속에는 상당히 많은 요소가 얽혀 있다는 생각이 들었습니다. 금비의 친척들은 저마다 다정하고 따뜻하게 금비를 염려했지만, 금비 본인은 이해받고 있다는 느낌이 들지 않았던 것 같아요. 채식에 대한 생각을 당당하게 밝히고 싶으면서도 여러 어른 앞에서 망설일 수밖에 없었을 금비의 마음을 헤아려 보게 됩니다.

금비의 이야기를 들은 후 제가 친척들과 만났던 순간도 돌이켜 보았는데요, 저 역시 친척들과의 식사를 은연중에 꺼린다는 사실을 깨달았습니다. 지난 명절에 외갓집을 방문해서는 과일만 열심히 먹다가 온 기억이 떠올랐고요. 만약 다 같이 모여 앉은 자리에서 제가 고기를 먹지 않는 이유를 설명해야 하는 상황이

온다면…… 성인인 저도 적잖이 난감할 것 같습니다. 제게 던지는 여러 질문에 예의를 갖춘 채 차분하게 대답할 수 있을지, '유별난 사람'이라는 시선을 견디며 친척들을 설득할 수 있을지, 어쩐지 자신이 없습니다.

서진 "한 5년 정도는 많이 싸운 것 같아요. 그런데 시간이 가면서 조금씩, 아주 조금씩 달라지는 것을 느껴요. 물론 할아버지는 아직도 '네가 고기를 안 먹어서 힘이 없다'고 말씀하시지만, 어머니는 알게 모르게 많이 변하셨어요. 집안의 육식 신화가 조금 깨졌다고 할까요?"

《아무튼, 비건》을 쓴 김한민 작가는 비건은 끼니마다 시험받는 상황에 놓인다고 이야기합니다. 모든 식사가 선택의 연속이고, 그런 만큼 타인의 '감시' 대상이 되기도 쉽지요. 특히나 단체 식문화가 발달한 한국에서는 비건으로 사는 것이 더 어렵습니다. 만일 식탁을 사이에 두고 자주 얼굴을 마주해야 하는 가족들과 생각이 다르다면 어떨까요? 우리 사회에 뿌리 깊이 자리 잡은 육식 문화와 단백질 신화를 고려한다면 가족과 허심탄회하게 대화를 나누는 일이 쉽지만은 않음을 짐작할 수 있습니다.

하지만 서진은 꿋꿋하게 자신의 신념을 밀고 나갔습니다. 계속해서 채식 식단을 고집했고, 기회가 될 때마다 자신의 의견을 피력했지요. 시간이 조금씩 흐르면서 가족들도 서진의 말에 귀를 기울여 주었고, 현재는 집안 분위기도 많이 바뀌었다고 해요. 신념을 굽히지 않은 서진도, 서진의 말과 행동에 점차 마음을 연 가족들도 모두 대단해 보입니다. 이런 변화들이 곳곳에서 일어난다면 육식을 당연시하는 문화도 조금씩 달라질 수 있겠지요.

"식물은 안 불쌍해?"

비건이 가장 자주 받는 질문 중 하나가 바로 '식물을 먹는 것은 괜찮은가?' 하는 것 아닐까 싶어요. 생명을 존중해서 채식을 한다면서 식물은 왜 먹느냐는 비난일 텐데요. 저 역시 채식을 해 온 5년여 동안 비슷한 질문을 숱하게 들었습니다. 이번에는 식물도 고통을 느끼는지, 식물 소비를 최소화하기 위해서 우리는 무엇을 할 수 있을지를 함께 알아봅시다.

서진 "저는 '너는 편식을 하지만 나는 편식을 안 하니까'라는 말도 들어 봤어요. 채식은 신념에 가깝다고 생각하는데, 그걸 편식이라고 표현하니 마음이 아팠지요. '채식에도 종류가 있듯이 육식에도 종류와 단계가 있다'고 말하는 친구도 있었고요. 저는 심지어 '야, 그러면 소나 돼지만 불쌍하고 감자는 안 불쌍해? 상추는 안 불쌍하고?' 이런 말도 들어 봤거든요."

식물도 과연 동물처럼 고통을 느낄까요? 이를 살피기 위해서는 쾌고 감수 능력에 대해 먼저 짚고 넘어가야 할 것 같습니다. 쾌고 감수 능력이란 쾌락과 고통을 감별할 수 있는 능력을 말하는데요. 피터 싱어는 이 쾌고 감수 능력을 가진, 신경계가 발달한 생물체가 인간과 다른 대우를 받아선 안 된다고 주장했습니다. 우리와 생김새가 다르다는 이유로 '성숙한 신경계'를 가진 동물을 핍박해서는 안 된다는 것이지요. 싱어는 자신의 책《동물 해방》에 공리주의✦를 주창한 영국 철학자 제러미 벤담의 말을 인용했습니다. "문제는 그들에게 이성적으로 사고할 능력이 있는지, 또는 대화를 나눌 능력이 있는지가 아니다. 문제는 그들이 고통을 느낄 수 있는가이다."[2] 동물도 인간처럼 고통을 느낄 수 있으니 그들의 이익 역시 동등하게 고려해야 한다는 뜻입니다.

그렇다면 식물에게는 쾌고 감수 능력이 없을까요? 현대 과학은 식물이 어떤 식으로 고통을 감지하는지 그 원리를 아직까지

✦ '최대 다수의 최대 행복'을 추구함으로써 개개인의 쾌락과 사회 전체의 행복을 조화시키려는 사상.

밝혀내지 못하고 있습니다. 다만 중추신경계가 없는 식물이 동물과 같은 방식으로 고통을 느끼지 않는다는 사실만은 알려져 있지요.

일각에서는 식물이 자극과 손상을 인지하고 서로 간에 신호를 주고받는다는 주장도 제기되고 있는데요. 이를테면 줄기가 잘리거나 물을 충분히 조달받지 못할 때 고주파의 조난음을 방출하는 식으로요. 하지만 이런 메커니즘은 동물이 통증을 감지하는 것과는 다릅니다. 움직이는 동물은 고통을 감각하면 본능적으로 그 상황을 회피하려고 하지만 식물은 그렇지 않아요. 신경계가 없고, 통증을 느끼는 통각수용체 또한 없기 때문입니다. 브리태니커 백과사전은 이에 대해 "전기적 경고 신호는 통증 신호와 동일하지 않다. 부상당한 식물을 고통받는 식물로 의인화해서는 안 된다"라고 설명하고 있습니다. 동물과 식물을 완전히 똑같이 취급할 수는 없다는 것입니다.

물론 식물이 우리와 같은 방식으로 고통을 느끼지 않는다고 해서 식물을 착취할 권리가 우리에게 주어지는 것은 당연히 아니에요. 중요한 것은 채소 위주의 식생활이 동물은 물론이고 식물 착취도 줄인다는 사실입니다. 채식이 식물의 희생을 최소화하는 길인 동시에 에너지 효율 또한 가장 높은 식사 방식이기 때문입니다. 식물을 직접 섭취해 에너지를 얻는 것이 식물을 먹고 자란 동물을 먹는 것보다 효율적일 테니까요. 우리는 동물의 고기를 얻기 위해 어마어마한 양의 자원을 소비합니다. 1장에서 살펴봤듯이 1억t의 고기를 얻기 위해서는 무려 10억t의 곡물을 소에게 먹여야 합니다. 막대한 양의 곡물을 먹여 소를 키운 후, 그 소를 다시 도축해 고기를 얻는 과정은 단순히 따져 보아도 매우 비효율적입니다.

인류는 지금도 엄청난 양의 옥수수와 콩, 밀 등을 가축의 사료로 소비하고 있습니다. 단지 '고기'를 먹기 위해서요. 유엔식량농업기구에 따르면, 우리가 삼림을 파괴하는 이유 역시 대부분 고기를 얻기 위해서라고 합니다. 1990년에서 2005년 사이 남미에서 발생한 삼림 벌채의 71%는 가축을 사육할 목장을 만드는 것이 목적이었습니다.[3] 어떤가요? 식물 소비를 줄이기 위해서라도 채식을 하는 것이 좋겠지요? 자원 낭비도 간과할 수 없습니다. 물발자국네크워크에 따르면 소고기 1kg을 얻기 위해서는 무려 1만 5,415L의 물이 필요합니다. 토마토 1kg을 키우는 데 들어가는 물인 214L의 72배 수준이지요.[4]

정리하자면, 비거니즘은 동물을 먹지 않는 것이기도 하지만 동시에 식물과 숲, 거기에 기대어 살아가는 모든 생물에게 이로운 것이기도 합니다. 동물 대신 식물을 필요 이상으로 마구 먹는 것이 비거니즘이 아니기 때문이에요. 나를 둘러싼 세상에 최소한의 피해만 끼치고자 하는 것, 그것이 비거니즘의 정신입니다.

세현 "학교에서 비건이 '고기를 못 먹게 만드는 사람'으로 비치는 게 조금 힘들었던 것 같아요. 제가 다니는 학교는 대안학교여서 비건을 존중하는 분위기가 약간은 있었거든요. 그렇다 보니 논비건(non-vegan)✦ 친구들이 '비채식인들이 고기 먹을 권리는 어디에 있냐'고 비아냥대기도 했고요. 하루는 과학 선생님께서 저에게 진지하게 '그러면 깻잎은 고통을 느끼지 않니?'라고 물으셨는데, 정말 충격이었어요. 아마도 채식은 답이 아니라고 이야기하고 싶으셨던 것 같아요."

학교 선생님을 비롯한 어른들과 소통하고 관계를 맺는 일은 청소년에게 어려운 일입니다. 특히 선생님과의 관계는 학교생활의 변수가 될 정도로 그 영향이 무척 크다고 할 수 있을 텐데요. 선생님과 학생은 가르침을 주고받는 사이이다 보니 자칫 수직적관계가 되기 쉽습니다. 그 때문인지 선생님이 청소년을 스스로 사고하는 독립적인 주체로 받아들이지 못하는 경우도 있는

✦ 비건이 아닌 사람 혹은 그런 제품을 가리키는 말.

것 같아요.

청소년이 비건을 지향하기로 결정하고 행동하는 것 그리고 그 선택이 공동체 내에서 존중받기를 원하는 것은 청소년의 '자기 결정권'과도 깊이 관련되는 문제입니다. 자기 결정권이란 사적인 영역에서 국가 등 외부의 간섭 없이 스스로 무언가를 결정할 수 있는 권리를 가리킵니다. 이는 헌법을 기반으로 한 아주 중요한 권리예요. 하지만 우리 사회에서 청소년의 자기 결정권은 종종 침해받곤 합니다. 청소년을 '아직 성년이 되지 않은 사람', 즉 미성숙한 존재로 간주하는 시선이 여전하기 때문이에요. 그러나 내 삶의 주인이 되는 데 '이른 시기'란 없습니다. 많은 10대가 스스로 삶을 설계하고, 옳다고 믿는 것을 실천하며 살아갑니다. 비건이 되는 것 또한 자기 결정권을 최대한 발휘하는 사례 중 하나라고 말할 수 있어요.

서진과 세현의 이야기를 들으며 제게는 작은 바람이 하나 생겼습니다. 채식이 단순히 음식을 소비하는 취향이나 기호와 연결된 것이 아니라 동물의 생명 그리고 환경과도 관련된 문제라는 것을 학교 차원에서 학생들에게 알리고 함께 공부한다면 정말 좋겠다는 것입니다. 그렇게 되면 오늘날 우리 모두에게 식생활의 전환이 필요하다는 것, 나아가 이 문제를 두고 다 함께 대화하고 토론해야 한다는 데도 공감할 수 있지 않을까요. 무엇을 먹고 무엇을 먹지 않을지, 어떻게 먹을지를 가르치고 배우는 것도 결국 '교육'이기 때문입니다. 또한 청소년의 결정을 마음 깊이 이해하고 존중해 주는 선생님이 더 많아지기를 바랍니다. 어른과 아이, 가르치는 선생님과 가르침을 받는 학생이라는 구분 없이 청소년을 동등한 사람으로 대해 줄 선생님 말이지요.

동정과 비난 사이

제 곁에는 비건으로 사는 일의 어려움에 공감해 주는 친구들이 몇 있습니다. 아직까지 우리나라에는 비건 인프라✦가 충분히 구축돼 있지 않다 보니, 이런 사정을 잘 아는 친구들은 종종 저를 걱정하곤 하지요. 그들의 다정하고 따뜻한 말은 제가 지칠 때 힘을 내는 원동력이 되기도 합니다. 하지만 '공감'을 넘어 비건을 '동정'하는 듯한 말을 들을 때는 난감하기도 해요. 때로는 이해할 수 없다는 눈빛을 보내는 사람들도 있습니다.

연주 "비건을 지향한다는 제 뜻에 공감하고 응원해 주는 친구들도 많았어요. 하지만 그만큼 이해하지 못하는 친구도 많지요. 제

✦ 생활의 기반이 되는 중요한 사회 구조물.

앞에서 '헉! 채식? 나는 고기 없으면 못 사는데…….' 같은 말을 대놓고 하는 경우도 물론 있었고요."

승주 "저를 불쌍해하는, 동정 어린 시선을 많이 느꼈어요. '먹을 게 저렇게 없는데, 도대체 왜 채식을 하는 거야?' 같은 말도 들었고요. 비웃는 친구들도 있었고 그 정도는 아니어도 부정적인 시선으로 보는 경우는 정말 많았지요."

연주와 승주의 이야기를 들으며 저의 경험을 떠올렸습니다. 제가 채식을 한다고 말하니, 회사 동료가 이해할 수 없다는 듯 "그럼 당신은 베지테리언, 저는 미테리언(meatarian)✦이네요"라고 농담을 했거든요. 겉으로는 웃어넘겼지만 속으로는 웃을 수 없었습니다. 채식주의자라고 할 때 '채식주의'는 취향과 기호를 나타내는 말이 결코 아니니까요. 물론 '채소가 좋아서', '채소가 들어간 음식이 맛있어서' 채식하는 사람도 있을 수 있습니다. 하지만 비건 대다수는 동물을 착취하고 싶지 않은 마음에, 현재의 공장식축산 시스템에 반기를 들기 위한 수단으로써 채식을 선택하고 실천하지요. 그렇다면 비건의 반대말은 결코 '육식을 좋아

✦ 베지테리언에 반대되는 말로 고기만 먹는 사람을 뜻한다.

하는 사람'이 될 수 없을 것 같아요.

돌이켜 보면 저를 비건이라고 소개한 이후 질문을 받지 않은 적이 거의 없었던 것 같습니다. '언제부터 채식을 했느냐', '왜 하게 됐느냐', '힘들진 않으냐' 같은 질문들을 숱하게 들어 왔지요. 무례한 질문에 불쾌함을 느낄 때도 종종 있었지만, 그때의 저는 '잘 대답하고 싶다'라는 생각에 늘 애가 닳아 있었습니다. 식사 자리의 분위기를 깨지 않으면서도 동물과 동물권에 대한 제 진심을 전하고 싶었거든요. 이 때문에 타인과 함께하는 식사는 제게 즐거운 한편 부담스러운 자리이기도 했습니다.

그런 제게 어떤 것도 더 묻지 않고 저를 있는 그대로 받아들여 준 친구도 있었습니다. 비건을 하고 있다는 조심스러운 첫마디에 친구는 "아, 비건이구나?" 하더니 조금의 망설임도 없이 "그럼 다음에 비건식 먹으러 가자"라며 산뜻한 제안을 해 왔지요. 어떤 것도 설명하거나 증명하지 않아도 된다는 생각에 순간 눈물이 날 만큼 고마웠습니다. 제 삶의 방식을 있는 그대로 존중해 준다는 느낌을 받았거든요.

가끔 '질문의 형식을 띠고 있지만 결코 질문이 아닌 이야기들'에 대해 생각하곤 합니다. '나는 네게 동의할 수 없다'는 말을 전하기 위해서, 혹은 상대방을 비난하기 위해서 하는 질문들도 있기 때문이에요. 겉으로는 질문처럼 보이지만 사실은 공격이나 조롱에 가까운 것들이지요. '왜 그렇게 힘들게 살아?', '식물은 생명이 아니야?', '너 혼자 채식한다고 세상이 달라질까?' 이런 질문은 그래서 한번 듣고 나면 쉽사리 잊히지 않습니다. 그 질문이 제게서 끝나지 않고 다시 그 사람에게 더 큰 질문으로, 예를 들어 '지금과 같은 생활 방식이 정말 옳은 걸까?' 같은 질문으로 돌아가도록 하기 위해 저는 무엇을 더 해야 할까, 지금도 고민하고 있습니다.

세현 "고등학교 2학년 때 몇몇 친구들과 함께 채식 동아리를 만들었어요. 우리 동아리가 학교 영양사 선생님들께 비건 친구들의 목소리를 모아 전달하는 창구 역할을 할 수 있겠다 싶었지요. 그런데 비건 지향인마다 비건을 하는 모양과 방식이 조금씩 다르니 선생님들이 혼란스러우셨던 것 같아요. '너희가 이렇게 찾아와서 각자의 요구사항을 이야기하니, 마치 협박처럼 들린다'라고 하셨거든요. 저희는 정말 그런 게 아니었는데, 선생님들 입장에서는 그렇게 받아들이실 수 있겠다 싶었어요. 나중에는 선생님들과 저희가 마주 보고 정말 엉엉 울었어요."

비건 지향 생활을 시작한 이후 세현은 학교 영양사 선생님들과 허심탄회하게 대화를 나눌 기회가 있었습니다. 그런데 이때

예기치 않은 의견 충돌이 발생했다고 해요. 선생님들이 기존 식단은 물론이고 비건 학생들을 위한 '추가 식단'까지, 그것도 여러 명의 상황에 맞게 준비해야 한다는 부담을 느꼈던 것입니다. 영양사의 입장에서는 '처리해야 할 업무'가 더 생긴 것이나 다름없었겠지요.

세현 역시 비건을 지향하는 학생들의 권리를 지키려는 것이 영양사 선생님들의 휴식할 권리와 충돌하는 것 같아 마음이 편치 않았다고 고백했습니다. 이미 많은 학생의 식사를 책임지고 있는 선생님들에게 추가로 비건식을 마련해 달라고 요구하기는 쉽지 않은 일이니까요. 세현의 생각은 끝내 '구조의 개선'에 가 닿았습니다. 모두의 권리를 지키기 위해서는 영양사 개개인에게 채식 식단을 요구할 것이 아니라 학교와 교육청, 우리 사회 전체라는 더 큰 차원에서 이 문제를 해결해야 한다는 생각이 든 것이지요.

"학교의 재량에 맡기는 게 아니라 정부 차원에서 조리사나 영양사를 한 분 더 고용할 수 있게 하는 등 지원이 필요할 것 같다"라는 세현의 말에 저절로 고개가 끄덕여졌습니다. 채식 급식이 비건을 지향하는 학생들의 자기 결정권과 행복 추구권을 보장하기 위한 것이라면, 이를 위해 힘쓰는 영양사와 조리사의 노동권과 행복 추구권도 함께 보장되어야 할 것입니다. 그것이 누구도 소외시키지 않는 진정한 의미의 채식 급식에 가까울 것이고요.

지금까지 우리 사회에서 비건이 된다는 것이 어떤 의미인지, 비거니즘을 실천하는 사람이 만나게 되는 주위의 반응에는 어떤 것들이 있는지 함께 살펴보았습니다. 때로 비건은 예민하고 까다로운 사람이라는 타인의 시선으로부터 자신을 지켜야 하고, 쏟아지는 물음에 맞서 자신을 변호해야 합니다. 통념에 반대하고 저항해야 할 때도 있겠지요. 그래서일까요. 《왜 고기를 안 먹기로 한 거야?》를 쓴 프랑스 작가 마르탱 파주는 "비건이 된다는 것은 창의적인 정치적 모험이다"[5]라고 이야기했습니다. 그의 말대로 비건은 이제껏 가 보지 않은 길을 걸으며 자신의 삶을 스스로 설계해 나가는 '창의적 모험가'인지도 모르겠습니다.

4

나의 선택, 나의 전략

용기 내 비건 지향 생활을 시작했다고 해도 그 생활을 이어 가기란 쉽지 않습니다. 앞서 살펴보았듯, 비건을 지향한다는 건 다른 사람들의 눈에 '유별난 존재'가 되는 일을 감수하는 것이기도 하니까요. 또 옳다고 믿는 길을 뚜벅뚜벅 걸어가는 과정에서 보호자나 친구들, 선생님과 예기치 않은 마찰이 생길 수도 있고요.

특히 학교라는 특수한 공간에서 생활하는 청소년의 경우에는 더더욱 그럴 것 같습니다. 학교에 다니는 학생은 대부분 급식을 '의무적으로' 먹기 때문입니다. 채식 식단을 원하는 학생은 이 과정에서 소외감을 느낄 수밖에 없을 겁니다. 그런 의미에서 비건을 지향하는 삶이란 하루하루 자기와, 또 타인과 싸워 나가는 일일지도 모르겠습니다. 외부의 시선과 판단에 맞서 자기가 정한 기준을 지키려고 노력해야 하니까요.

이럴 때 비건에겐 조금 특별한 전략이 필요하지 않을까요? 우리 주변의 비건을 지향하는 청소년들은 이런 어려움을 어떻게 돌파해 나갔을까요?

급식에 채식 메뉴를 요구하다

학교급식 메뉴를 떠올리면 가장 먼저 탕수육이나 제육볶음 같은 고기반찬이 생각납니다. 고기가 얼마나 나오느냐가 그 급식의 질을 결정한다는 말이 나올 정도이지요. 제가 학교에 다니던 시절에도 고기반찬은 늘 일찍 동났습니다. 반면 시금치나물이나 배추겉절이 같은 채소 반찬은 넉넉히 남아 있었지요. 그만큼 학교급식이 육식 위주이기도 했고, 또 급식을 먹는 청소년들도 고기반찬을 선호했고요. 그런데 여기, 이런 육식 위주의 급식에 균열을 낸 친구들이 있습니다. 급식에 채식 메뉴를 당당하게 요구한 거예요.

연주 "학교에 채식하는 친구들이 조금 늘었을 때쯤, 선생님들께 채식 급식을 해 주십사 요구했던 기억이 나요. 채식 급식이라고는 하지만 사실 처음부터 모양새가 아주 훌륭했던 것은 아니었고요. 고기 대신 채소 반찬을 더 얹어 주신다거나 두부를 한 조각 더 주시는 정도였지요."

연주는 비건을 지향하는 친구들과 함께 학교 측에 채식 급식을 요구했다고 합니다. 비건 지향인이 조금씩 늘면서 학교에서는 매월 채식을 하는 사람이 몇 명이나 되는지 조사했고, 이후엔 채식인 숫자에 맞게 음식을 준비해 주었다고 해요. 초반에는 떡과 감자, 고구마가 메뉴로 나왔고, 나중에는 양념이 된 콩고기, 채식 떡볶이 같은 음식도 등장했다고 하네요.

메뉴가 한정적인 것 같다고요? 채식을 하고 있거나 시도해 본 친구들이라면 공감할 테지만, 위에 쓴 메뉴는 사실 비건 요리의 아주 일부일 뿐입니다. 채소 하나만 가지고도 얼마든지 다양한 음식을 요리해 낼 수 있으니까요. 채수로도 감칠맛이 나는 맛있는 찌개를 끓일 수 있고, 미국식, 프랑스식, 중국식 양념을 얹은 요리도 할 수 있지요. 2장에서 이야기한 것처럼 최근에는 고기를 대체할 여러 가공식품이 출시돼 원래는 고기가 들어가는 메뉴도 비건식으로 만들 수 있게 되었습니다. 학교급식에 이런 다양한 조리법을 활용한다면 채식 급식도 마냥 먼 나라 이야기만은 아니겠지요?

그렇지만 학교급식은 학생 전체를 대상으로 하는 것이다 보니 여러 가지 현실적인 어려움도 있겠지요. 아무래도 육식 위주 식사를 원하는 학생이 많아서, 영양사나 조리사가 채식 메뉴를 식단에 반영하기가 쉽지 않을 것 같습니다.

세현 "채식 급식 초창기에는 모두부 있잖아요, 네모난 것. 모두부를 썰어서 자주 주셨어요. 그래서 밥과 두부, 김을 주로 먹었어요. 가끔 나물이 나오면 한 번씩 먹고요. (……) 그런데 제가 학교에 무언가를 더 요구하기 어려웠던 이유가 모든 게 현장 선생님들의 노동과 관련된 문제였으니까요."

세현의 이야기를 듣고는 몹시 공감했습니다. 식단을 짜고, 음식을 조리하고, 그것을 학생들에게 나누는 것까지, 모두 노동의 문제이지요. 육식 위주의 식단에 채식 메뉴 하나를 추가하려면 누군가는 영양가를 고려해 식단을 새로 짜야 하고, 또 누군가는 재료를 손질해 조리해야 합니다. 또 채식을 하는 학생들을 찾아 별도로 전달도 해야 할 테고요. 아마도 세현이 부족한 식사를 하면서도 채식 메뉴와 관련해 학교 측에 더 요구할 수 없었던 이유도 여기에 있을 것입니다. 조리를 담당하는 선생님들께 부담을 드릴 수 없었던 것이지요.

실제로 학교 급식 노동자들의 노동조건은 굉장히 열악한 것으로 알려져 있습니다. 인력이 부족하여 과중한 업무에 시달리기도 하고, 안전기준을 충족하지 못하는 조리 환경 때문에 고생하는 경우도 많다고 해요.[1] 한꺼번에 수백 명분의 음식을 준비해야 하는 급식 노동자들에게는 조리 시간을 단축하는 것이 무엇보다 중요할 것입니다. 학교 식단 대부분이 가공육을 기본으로 하는 것도 가공육이 비교적 재료 관리와 손질, 조리가 간편하기 때문입니다.

그런데 채소 요리의 경우 신선한 식자재를 구입해 그때그때 조리해야 하니 노동력이 많이 들어갈 수밖에 없어요. 이런 상황에서 채식 급식을 위한 별도의 메뉴를 개발해 달라고 요청하기는 쉽지 않을 것입니다. 모두가 행복한 채식 급식이 이루어지기 위해서는 급식 노동자의 노동환경도 개선되어야 하는 이유입니다.

연주 "채식 급식을 하는 것이 학교 구성원들의 결정에 달린 것 같지만, 꼭 그렇지는 않아요. 개별 학교가 결정할 수 있는 것이 생각보다 많지 않더라고요. 교육청에서 제시하는, 따라야 할 가이드라인이 있으니까요. 결국 큰 시스템이 바뀌어야 한다는 걸 또 한 번 느꼈어요."

연주의 말처럼 채식 급식권을 보장하기 위해선 학생과 선생님, 학교와 교육청까지, 여러 이해관계자가 동시에 움직여야 합니다. 채식 급식권이란 학교나 병원, 군대처럼 공공 급식을 하는 곳에서 채식을 선택할 권리인데요, 우리나라에서 채식 급식권을 보장받을 수 있는 곳은 2022년 현재로선 군대밖에 없습니다.✦ 아직 본격적인 궤도에 오른 것은 아니지만, 일부 학교에서도 채식 급식에 대한 논의를 시작했습니다.

서울시의 경우 2021년 4월부터 서울에 있는 모든 초·중·고등학교 학생이 한 달에 두 번씩 채식 급식을 먹을 수 있도록 하는 '그린 급식'을 운영하고 있습니다. 이 횟수도 점차 3~4회로 늘려 가겠다고 발표했지요. 또한 생태교육을 중점적으로 하는 일부 학교에는 '그린 바(샐러드 바)'를 설치하도록 하고 있어요.[2] 인천시 역시 2022년부터 한 달에 2일 이상은 채식 급식을 하도록 권장하고 있는데요, 국과 반찬에 육류를 아예 사용하지 않거나 별도의 채식 자율 배식대를 배치하는 방법, 채식 반찬 한 가지씩을 추가 배식하는 방법 중 선택해 운용할 수 있습니다. 전국에서 가장 빨리 채식 급식을 도입한 광주광역시의 경우 몇몇 시범학교에서 일주일에 1~2회 채식 급식을 제공한다고 해요. 울산시는 모든 초·중·고등학교가 꼭 참여해야 하는 채식의 날을 운영

✦ 국방부는 2021년 초부터 채식주의자와 무슬림 병사에게 비건 식단을 공급하고 있다.

하고 있는데, 이날은 고기뿐 아니라 우유와 달걀도 식탁에 오르지 않는다고 하네요.

미국과 유럽 등에서도 채식 급식을 권장하는 추세입니다. 미국 뉴욕시는 매주 금요일 모든 공립학교에서 비건 급식을 제공하는 '비건 프라이데이'를 운영하고 있는데요. 직전까지 시행하던 '고기 없는 월요일'보다 한발 더 나아간 것으로, 고기뿐 아니라 우유나 치즈도 나오지 않는 완전 채식 식단이 금요일마다 제공된다고 해요. 또 프랑스는 2019년 유치원부터 초·중·고등학교까지 주 1회 채식 급식을 의무화했고, 영국의 경우에는 공립학교에서 주 1회 채식을 시행하고 있지요. 포르투갈은 2017년부터 학교를 포함한 모든 공공기관에서 채식을 선택할 수 있는 채식 선택권을 법으로 보장하고 있습니다.[3]

몇몇 선진적인 사례처럼 채식 급식이 제도적으로 보장된다면 채식을 하는 학생이 균형 잡힌 식사를 할 수 있는 것은 물론, 관심은 있지만 선뜻 실천하지 못했던 학생들에게도 채식에 도전해 볼 수 있는 좋은 기회가 되겠지요? 지금은 채식 급식이 일부에 불과하고, 또 의무보다는 선택에 가깝지만 머지않아 채식 급식이 대세가 될 날도 올 것입니다. 연주와 세현처럼 자기 자리에서 목소리를 내는 사람이 있다면 이런 변화를 더 앞당길 수 있을 거예요.

채식 급식 진정에 참여하다

학교 측에 직접 채식 급식을 요구하는 방식이 아닌 다른 길을 택한 친구들도 있습니다. 급식에서 채식을 선택할 수 있게 해 달라고 국가인권위원회(이하 인권위)에 진정을 낸 것이지요. 진정이란 개인이 침해당한 권리를 보장받을 수 있도록 국가나 지방정부 등에 특정 조치를 요구하는 행위입니다. 2021년 6월, 학생과 학부모 6명은 채식을 선택한 학생들이 자기 결정권을 비롯한 헌법상의 기본권을 침해받지 않도록 채식 선택권을 보장하라는 내용의 진정을, 교육부 장관과 서울시 및 경기도 교육감 등을 상대로 제출했습니다.

승 주

"급식 시간은 고난과 좌절의 시간이라고 할 수 있지요. 먹을 수 있는 음식이 한정돼 있어서, 먹어도 먹어도 배가 고프더라고요. 똑같이 먹는 급식인데 채식주의자는 늘 부실하게 먹어야 한다면 그건 조금 부당하지 않나 하는 생각이 들었어요. 모두에게 공평한 급식이 제공됐으면 하는 마음에서 채식 급식 진정 활동에 참여하게 됐습니다."

승주는 급식 식단표를 받으면 먹을 수 있는 것과 먹을 수 없는 것을 구분하는 일부터 했다고 합니다. 고기와 해산물 등을 제외하고 나면 남는 것은 대개 밥과 김, 채소와 과일 정도였고, 국조차 먹을 수 없는 날이 많았다고 해요. 시간이 지나면서 승주의 학교 선생님들이 승주가 먹을 수 있는 반찬을 추가로 제공해 주기도 했지만, 그럼에도 승주에게 급식과 영양부족은 늘 함께 따라붙는 단어였습니다. 누군가의 선의에 기대야만, 배려를 받아야만 제대로 된 식사를 할 수 있는 상황은 그 자체로 충분히 문제적이라는 생각이 들어요. 비건 지향인을 위한 식사가 처음부터 따로 마련됐다면 승주도, 승주의 식단을 염려했던 선생님들도 부담을 덜 수 있지 않았을까요?

세현 "흰밥에 고추장이나 케첩만 비벼 먹은 적도 있었으니까 부실하다면 부실한 식단으로 1년에서 1년 반 정도를 버틴 거라고 할 수 있지요. 힘들었지만 포기할 수 없었던 이유는 채식이 타협할 수 없는 제 신념 비슷한 것이었기 때문이에요."

세현 역시 비슷한 경험담을 들려주었습니다. 세현이 제대로 갖추어지지 않은 식사를 하면서도 버틸 수 있었던 것은 그에게 맛이나 영양보다 더 중요한 다른 가치가 있었기 때문입니다. 승주를 비롯한 학생과 학부모 들이 채식 급식 진정을 제기한 이유도 여기에 있습니다. 학교의 일률적인 식단으로 채식을 하는 학생들이 양심의 자유와 자기 결정권, 건강권 같은 헌법상의 기본적 권리를 침해받았다는 것이지요. 진정인들은 공장식축산 시스템과 그곳에서 일어나는 동물 착취에 저항하며 채식을 실천하고 있었습니다. 이는 헌법에서 보장하는 양심의 자유에 따른 행동입니다. 그러므로 제대로 된 채식 식사를 할 수 없는 상황이라면 양심의 자유를 침해받는 것이라고 말할 수 있습니다.

또한 〈학교급식법〉은 "학생의 건전한 심신의 발달과 국민 식생활 개선에 기여하는 것"을 목적으로 합니다. 만일 채식주의자가 영양이 잘 갖추어진 식단을 제공받지 못한다면 〈학교급식법〉의 취지에도 위배되는 것이지요. 진정에는 '교육부는 어린이와 청소년에게 차별 없는 교육 환경을 제공할 의무가 있으므로, 채식을 하는 학생들의 인권과 건강권 역시 보장해야 한다'는 내용이 담겼습니다.

서진 "제가 먹을 수 있는 반찬은 딱 한 개 정도 나오는 것 같아요. 주로 밥이랑 반찬 한 가지를 먹어요. 그런데 제가 제 몫의 논비건 메뉴는 만들지 말아 달라고 해도 음식이 학생 수대로 만들어져 나오잖아요. 비건 음식만 골라내 먹는다고 해도 음식이 버려지는 건 어쩔 수 없으니, 그럴 때마다 정말 속이 상해요."

서진은 자신의 몫으로 만들어졌다가 버려지는 음식을 보는 것이 무엇보다 마음이 아팠다고 해요. 채식의 목적 중 하나는 동물 착취에 반대하고 동물성 식재료를 소비하지 않는 데 있습니다. 그런데 동물이 이미 희생된 경우라면 그 죽음은 돌이킬 수 없습니다. 음식물을 버리면 환경오염이라는 또 다른 문제가 발생하기도 하고요. 그래서 비건 가운데는 이런 경우 불가피하게 동물성 식품을 먹는 이도 있습니다. 이미 희생당한 동물의 몸을 버리면 그 죽음마저 쓸모없게 만드는 일이 되기 때문이에요. 저 역시 식당에 가면 메뉴를 주문할 때 각별히 신경을 쓰는데요, 간혹 조리사의 실수로 원하지 않는 재료가 음식에 들어갔을 경우 그 음식은 버리지 않고 그냥 먹겠다고 이야기합니다.

매일 자기 몫의 음식이 조리되어 나왔다가 폐기되는 것을 봐야만 하는 서진의 마음이 어땠을지, 조금은 짐작이 갑니다. 채식 급식 진정은 어쩌면 서진이 선택할 수 있는 가장 합리적인 선택지가 아니었을까요? 만일 진정이 받아들여진다면 서진의 채식할 권리를 공식적·제도적으로 보장받는 것이니까요.

그러나 결과는 아쉽게도 '기각'✦이었습니다. 2022년 2월, 인

✦ 소나 상소가 형식적인 요건은 갖추었으나, 청구 내용이 이유가 없거나 적법하지 않다고 판단하여 소송을 종료하는 일.

지금 당장
동물 해방
GO!
VEGAN
동물실험OUT

권위는 채식 선택권이 보장되지 않아 비건 학생들의 건강권이 침해됐다고 보기는 어렵다는 결과를 내놨어요. 또 지금의 학교 급식이 완전하지는 않지만 급식 체계를 바꾸기 위한 과도기 단계에 있다고 볼 수 있으며, 교육 현장에서 채식 선택권을 보장하기 위한 최소한의 노력도 이루어지고 있다고 보았습니다.

다만 인권위는 비건 학생들이 채식 식단을 보장받을 수 있도록 급식 체계를 조속히 개선해야 한다는 의견을 교육부 장관에게 전달했습니다. 유엔아동권리협약의 '아동 이익 최우선 원칙'에 따라 "아동은 신념과 신체적 특성에 적합한 음식을 선택하는 동시에 영양학적으로 고려된 식단을 제공받아야 한다"는 것입니다. 인권위는 또 개인의 선택권이 제한되는 상황이 길어지면 결국 차별과 배제로 이어질 수 있다는 문제의식도 보여 주었습니다.

아쉬운 결과지만, 진전이 없다고 평가할 수는 없을 것입니다. 급식 체계를 개선하기 위해 노력해야 한다는 데 모두가 뜻을 같이한다는 것을 확인할 수 있었으니까요. 이렇게 조금씩 조금씩 나아가다 보면 분명 비건 지향 학생들도 건강하고 맛있는 급식을 먹을 수 있는 날이 올 것입니다.

학교를 나오다

학교 안에서 변화의 물결을 만들어 내길 선택한 사람들이 있는가 하면, 육식 위주의 문화에 반기를 들고 학교를 그만둔 사람도 있습니다. 행동을 통해 기존 시스템에 의문을 제기하고 직접 균열을 낸 것이지요. 눈재는 고등학교에 입학한 지 얼마 되지 않아 자퇴했습니다. 육식 위주의 급식 문화는 눈재에게 그 자체로 견디기 힘든 것이기도 했지만, 그보다 힘들었던 것은 '먹을 수 없는 것을 먹도록 강제하는' 강압적인 분위기였습니다.

눈재 "고등학교 입학식 날이었어요. 식을 마치고 다 같이 급식을 먹으러 갔지요. 저는 중학교 2학년 때부터 비건 지향 생활을 시작했고 급식을 안 먹었거든요. 어떻게 해야 하나 고민하고 있었는데, 주변에 있던 친구들이 같이 가자고 해서 어쩔 수 없었어요. 그런데 역시나 조리된 음식 중에는 제가 먹을 수 있는 것이 없었고, 순간 이런 생각이 들더라고요. '아, 앞으로 이 과정을 1,000번은 반복해야 할 텐데 내가 견딜 수 있을까?'"

눈재의 이야기를 들으며, 저의 학창 시절이 떠올랐습니다. 마음 맞는 친구 몇 명과 식판을 맞대고 모여 앉아 밥을 먹던 시절이요. 음식 못지않게 중요한 것은 친구들과 나누던 대화였습니다. 무언가를 같이 먹으며 관심사를 공유하고 우리가 함께 시간을 보내고 있다는 감각이, 그 시절 제게는 몹시 소중했습니다. 그러니 급식을 먹지 못한다는 것은 어쩌면 학교생활의 큰 부분을 타의에 의해 포기하는 것과 다르지 않을 거예요. 모든 학생을 공평하게 배려하기 위해 만들어진 급식 제도에서 누군가는 소외되어야 한다니, 마음이 편치 않습니다.

비단 눈재뿐이 아닐 것 같아요. 비건을 삶의 방식으로 선택한 학생들은 필연적으로 얼마간 혼란을 겪을 수밖에 없습니다. 어쩌면 식단 그 자체보다도, 같음을 강요하고 다름을 배척하는 학교 안의 분위기가 비건을 지향하는 학생들을 더욱 외롭게 만드는지도 모르겠습니다. 소수의 결정을 있는 그대로 존중하고 받아들이지 않는 분위기 말이에요.

눈재는 학교 선생님에게서 '성장기 청소년은 무조건 고기를 먹어야 한다'는 말을 여러 번 들었다고 합니다. 눈재 역시 자신이 알고 있는 것과 실천하려고 하는 것들을 선생님께 말씀드리고 설득하려 해 보았지만 쉽지 않았던 것 같아요. "나이가 어리다는 이유로 선택을 존중받지 못"했고, 결국 "이상하고 비정상적인 사람"이 되었다고 합니다. 학교 안에서 청소년과 교사의 관계는 결코 수평적이지 않고, 우리 사회는 청소년의 판단을 온전히 신뢰하지 않기도 하니까요.

여기에는 청소년을 '미성년', 즉 아직 성인이 되지 못한 사람으로 간주하는 시선이 한몫하는 것 같습니다. 코로나19가 한창이던 때, 방역 패스 도입을 두고 청소년 백신 접종이 논란이 되었는데요. 한 설문조사에 따르면 학부모의 93%가 청소년 백신 접종에 반대했습니다.[4] 그런데 청소년이 백신을 맞을 것이냐 말 것이냐를 두고 당사자가 아닌 학부모의 의견을 묻는 것이 조금 의아하기도 했어요. 아마도 청소년을 '보호받아야 하는 존재'로만 보기 때문일 겁니다. 이처럼 청소년은 사회적 참여에 여러 제약이 있고, 권리도 충분히 보장받지 못하는 것이 현실입니다. 그렇다면 청소년의 채식 선택권은 어떨까요? 앞서 채식은 단순히 취향이나 기호가 아닌 신념과 양심의 문제라고 이야기했습니다. 당연히 청소년에게 채식을 주체적으로 선택할 수 있는 권리도 주어져야 하겠지요?

눈재 "나이가 모든 것에 영향을 미치는 게 힘들더라고요. 에이지즘(ageism)✦이랑 비거니즘이 연결되는 측면이 분명히 있는 것 같아요. 저는 비거니즘을 실천하기로 이미 결심했는데, 청소

✦ 나이를 이유로 소외시키거나 기회를 박탈하는 연령 차별주의.

년이라서 그 실천이 힘들어지는 상황에 부딪힌 거지요. 학교를 나온 것도 그래서였어요. 청소년이 스스로 생각하고 선택한 것들에 대해 그 이유를 말할 수 없고, 말해도 들어주지 않으니까요."

어쩌면 눈재의 말을 읽으며 고개를 끄덕일 청소년이 많을 것이라는 생각이 듭니다. 나이가 어리다는 이유로 존중받지 못했던 경험들, 누구나 한 번쯤은 있을 테니까요.

청소년기는 어느 때보다 사회에 관심이 많은 시기이기도 합니다. 우리 사회의 크고 작은 변화에 청소년들은 꾸준히 목소리를 냈어요. 세월호 참사 이후 전 사회적으로 벌어진 진상규명 서명 운동과 시위에 청소년들이 큰 힘을 보탰고, 박근혜 전 대통령 탄핵 당시 촛불집회에도 수많은 청소년이 참여했습니다. 그뿐인가요? 학교에서 일어난 성추행과 성폭력에 당당히 맞서 '스쿨미투' 운동을 시작하기도 했습니다. 최근에는 청소년의 선거권·피선거권을 비롯해 청소년이 정치에 참여할 권리를 주장하는 청소년 참정권 운동이 주목받고 있어요.

하지만 청소년들이 이렇게 특정 사안에 자기 목소리를 내면, '학생답지 않다'는 이유로 어른들로부터 지적받기도 합니다. 우리 사회는 자기만의 방식으로 세상에 대항하는 청소년보다, 주어진 과제를 성실히 수행하고 모범 답안을 따르는 청소년의 모습을 더 바라는 것 같아요. 그러나 청소년이 사회의 성원인 이상 어떤 길을 가든 그 모습 그대로 존중받을 수 있어야 합니다.

서진 "수능 연계 교재에 나온 비건 혐오적인 지문에 대해 제가 학교에도 문제를 제기했거든요. 선생님께서도 해당 지문이 잘못된 게 맞다고 말씀하시더라고요. 그런데 '잘못된 건 맞지만 이건 네 영역이 아니라 선생님의 영역이야. 그러니 네가 건드릴 부분은 아니야'라고 하셨어요. 그 지문은 당연히 시험 범위에도 그대로 들어갔고요."

서진의 이야기를 들으며 교사와 학생의 관계에 대해서도 다시금 생각해 보았습니다. '가르치는 사람'인 교사가 '가르침을 받는' 학생을 미숙하고 불완전한 존재로 보는 경우가 종종 있기 때문입니다. 서진이 제기한 문제를 선생님과 학생들이 함께 토론하고 오류를 바로잡는 방향으로 나아갔다면 얼마나 좋았을까요. 아쉬움이 남습니다. 학교를 비롯한 사회에서 청소년이 처한 상황이 이런 만큼, 육식 중심의 급식 문화를 바꾸려는 이들이 존중받는 것이 현실적으로 쉽지 않겠다는 생각도 들었고요.

청소년들이 자주 듣는 말 중에 "너 하고 싶은 건 대학 가서

해!”라는 것이 있지요. 한국 사회가 청소년을 어떻게 바라보는지 여실히 드러나는 문장이라고 생각합니다. 이런 풍토에서 청소년의 결정이 존중받을 수 있을까요? 청소년이 채식도, 시위도, 정치적 의사 표현도 마음껏 하고, 있는 그대로 존중받을 수 있는 세상이 하루빨리 오기를 기대해 봅니다.

5

지속하는 마음, 지속되는 기쁨

지금까지 채식의 현실적인 어려움과 그에 대처하기 위한 비건 지향 청소년의 여러 가지 전략을 알아보았습니다. 책을 여기까지 읽은 독자라면 의문이 생길 것 같아요. '이렇게 어려운데, 도대체 어떻게 비건을 계속하지?' 하는 의문 말이에요. 아마도 그 어려움을 뛰어넘는 기쁨이 있기 때문에 비건을 하지 않을까 싶은데요.

운동에 한번 비유해 볼까요? 매일 같은 시간에 꾸준히 운동하기란 쉽지 않습니다. 귀찮음을 무릅쓰고 운동장이나 헬스클럽에 가야 하고, 일정 시간 동안 몸을 쓰며 단련해야 하지요. 그 과정에서 이만 포기해 버리고 싶은 체력적 한계를 느끼기도 합니다. 때로는 식이조절을 병행해야 하고요. 하지만 운동을 꾸준히 하는 사람들에게는 이 모든 귀찮음과 힘듦을 이겨 낼 만한 강력한 유인이 있지요. 바로 운동의

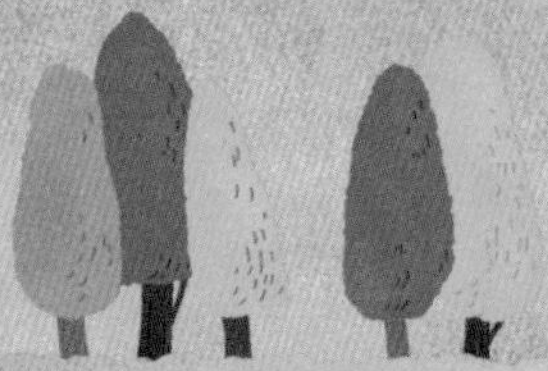

기쁨입니다. 제가 만난 비건 지향 청소년들도 비슷했는데요, 그들은 한목소리로 이렇게 대답했습니다. 그럼에도 불구하고 비건을 지속하는 이유가 뚜렷하고 그만큼의 동력이 있다고요.

무해한 동물이 된다는 것

당신이 먹는 것이 당신을 말해 준다는 말, 들어본 적 있나요? 우리가 먹는 것이 단순히 먹는 것에서 그치지 않고 우리의 정체성과 연결된다는 말입니다. 제게 채식은 무엇보다도 윤리와 정치의 문제입니다. 무엇을 먹을 것이냐는 결국 누구를 살리고 누구를 죽일(도살할) 것이냐와 연결되어 있기에 윤리와 직결되고, 내가 먹는 것이 동물권이나 기후 위기, 나아가 노동의 문제와도 연결되어 있다고 생각하면 정치와도 떼려야 뗄 수 없지요. 즉, 채식은 동물, 지구, 노동자를 모두 고려하는 실천이기도 합니다. 그런 의미에서 채식을 한다는 것은 '사랑'의 표현이라고 생각합니다. 다른 존재를 착취하거나 아프게 하지 않는 무해한 식생활을 영위하겠다는 다짐, 이것이 사랑이 아니라면 무엇일까요?

연 주 "제게 채식이 가져다주는 기쁨은 여러 가지가 있어요. 하지만 뭐니 뭐니 해도 가장 큰 기쁨은 하루를 되돌아볼 때 오는 것 같아요. '오늘도 나는 한 생명도 해치지 않았어!'라고 자신 있게 이야기할 때의 그 행복이요. 여기에 채식의 동력이 있는 것 아닐까요?"

인간으로 태어나 살아가는 이상, 주위의 다른 존재에게 해를 끼치지 않는 것은 불가능에 가깝습니다. 그런데 만일 이러한 해를 약간이나마 줄일 수 있다면 어떨까요?

제가 채식을 하며 종종 듣는 이야기 중엔 이런 것이 있는데요, "너 하나 채식한다고 뭐가 달라져?"라는 말입니다. 실제로 육식 위주 식생활을 영위하는 사람에 비해 비건 지향 생활을 하는 사람은 소수입니다. 그렇게 생각하면 비건이 만들어 내는 변화가 작게 느껴질 수 있어요.

하지만 지금까지 제가 살린 동물들의 숫자를 따져 보면 이야기는 달라집니다. 2017년 채식을 시작하기 전의 저는 한 달에 두 번 정도 치킨을 시켜 먹곤 했으니, 1년 동안 제가 살린 닭의 숫자는 24마리, 5년이면 무려 120마리가 됩니다. 닭만큼은 아니겠지만, 5년 동안 살린 소와 돼지의 수도 무시할 수 없겠지요? 한 연구 결과에 따르면 우리가 일주일에 하루만 고기를 먹지 않아도 1인당 연간 28마리의 육상동물과 175마리의 바다 동물을 구할 수 있다고 해요.[1] 정말 어마어마하지 않나요?

그렇다면 저 혼자가 아니라 우리가 '함께' 살릴 수 있는 동물의 숫자는 얼마나 될까요? 미국의 동물보호단체인 휴메인소사이어티(Humane Society of the United States)의 추정치에 따르면, 모든 미국인이 1년 동안 고기 없는 월요일을 시행할 경우 14억 마리의 동물을 구할 수 있다고 합니다. 단지 일주일에 하루만 고기를 먹지 않는 것인데도요.[2] 14억 마리라니, 중국의 인구와 맞먹는 엄청난 숫자 아닌가요?

구한 것은 비단 동물의 목숨뿐만이 아닙니다. 휴메인소사이어티에 따르면 우리가 일주일에 하루만 육식을 하지 않아도 1년간 자동차 500만 대를 멈추는 것과 맞먹는 온실가스 배출 감축의 효과가 있다고 해요. 또한 영국의 비영리단체 미트프리먼데이(Meat Free Monday)에 따르면 1년간 1인당 2,268kg의 이산화탄소가 감축되고 13만 2,400L의 물이 절약되고요. 우리나라 국민 한 사람이 1년간 배출하는 온실가스의 양이 2019년 기준 13.6t이니, 이 기준대로라면 전체의 6분의 1을 줄일 수 있는 거예요.

눈재

"저는 누군가를 해치고 싶지 않았어요. 다른 존재에게 상처를 주는 일이 정말 싫었거든요. 비거니즘을 접한 이후, 제가 숨을 쉬는 것만으로도 누군가를 해치고 있다는 사실을 알게 됐고, 그게 너무 힘들었어요. 그걸 안 이후로는 안 그러려고, 최대한 나은 방향으로 가려고 움직였던 것 같아요."

눈재의 말을 들으며 가슴이 뜨거워졌습니다. 앞서 언급했던 것처럼 우리가 삶을 유지하는 데는 비용이 많이 듭니다. 여기에서 말하는 비용이란 비단 경제적인 것뿐 아니라 비경제적, 비물질적인 것을 포함하지요. 우리는 생명을 유지하기 위해 동물과 식물을 먹고, 그들에게서 얻은 것으로 옷을 만들어 입습니다. 또 지구의 온갖 자원을 소비하고, 그것들을 상품으로 가공해 쓰기도 하지요. 우리가 쓰고 남은 것은 고스란히 쓰레기가 되고요. 어딘가로 이동하기 위해 이용하는 교통수단 역시 환경오염을 일으킵니다. 조금 과장해 말하자면, 우리는 아침에 눈을 뜨는 순간부터 밤에 잠드는 순간까지 다른 존재에 빚지며 살아가고 있습니다.

비거니즘을 실천한다고 해서 우리가 외부 세계에 미치는 부정적인 영향을 완전히 없앨 수는 없겠지요. 하지만 이것이 노력하지 말아야 할 이유가 되지는 않아요. 최근에는 내 존재가 다른 생명에게 끼칠 수 있는 피해를 최소화하고, 나아가 더 나은 선택을 하기 위해 노력하는 사람들이 늘고 있습니다. '제비족'이라고 들어 봤나요? 불필요한 쓰레기를 만들지 않는 '제로 웨이스트'와 '비거니즘'을 함께 실천하는 사람들을 제비족이라고 부르는데요. 이들은 일회용품 사용을 지양하고 소비 규모를 줄이는 등 환경보호를 위한 각종 활동을 하고 있습니다. 이런 움직임들을 보면, 우리에게는 늘 더 좋은 선택지가 있고 마음을 먹으면 언제든 그쪽을 향해 갈 수 있다는 생각이 들어요.

제가 굉장히 좋아하는 작가이자 미술평론가인 존 버거의 책 《여기, 우리가 만나는 곳》에는 이런 구절이 나옵니다. "인생이라는 건 본질적으로 선을 긋는 문제이고, 선을 어디에 그을 것인지는 각자가 정해야 해. 다른 사람의 선을 대신 그어 줄 수는 없어."[3] 이 문장이 눈재의 이야기와 아주 잘 통한다는 생각이 들었습니다. 결국 비거니즘도 각자의 삶에 선을 긋는 행위와 비슷하니까요.

앞서 공장식축산 시스템이 동물들에게 얼마나 폭력적일 수 있는지 알아보았지요. 그런데 공장식축산은 그곳에서 일하는 노동자에게도 괴로움을 안겨 줍니다. 공장식축산의 잔혹함을 매일같이 눈으로 보고, 그 시스템에 가담해야 하기 때문입니다. 이 산업에 종사하는 노동자들은 하루에도 수백에서 수천 마리 동물을 죽이며 정신적 고통을 느낍니다. 많은 노동자가 외상후스트레스장애를 겪고, 심한 경우 우울증과 자살 충동에 시달리기도 합니다.

우리나라에서도 2010년부터 2011년 4월까지 계속된 구제역

유행으로 약 350만 마리 가축이 목숨을 잃었는데요, 이때 대규모 '살처분' 작업을 했던 노동자들이 극심한 트라우마로 고통을 받았다고 합니다. 돼지들을 산 채로 매장해야 했던 축협 직원이 악몽에 시달리다가 끝내 목숨을 끊는 일도 있었습니다.

그뿐만이 아닙니다. 캐나다의 한 범죄학 교수는 지역 사회 내에 있는 대규모 도축장의 존재와 범죄율 사이의 상관관계를 밝혀내기도 했는데요. 도살장에서 일하는 노동자들이 점차 폭력에 무감각해지는 나머지 폭력적 성향이 커진다는 것입니다.[4] 이처럼 공장식축산은 동물들에게만 잔인하고 폭력적인 것이 아닙니다. 동물들을 죽음에 이르게 하는 사람 역시 엄청난 충격과 고통을 감당해야 합니다. 우리가 생명을 해치지 않는 밥상을 선택한다면 이러한 폭력적인 시스템도 조금씩 사라질 수 있지 않을까요?

튼튼해진 몸, 좋아진 건강

식생활의 변화는 몸의 변화도 가져오게 마련입니다. 고등학교 때부터 최근까지 저의 가장 친한 친구는 소화제였어요. 타고나길 위가 약해서인지 늘 만성 소화불량에 시달렸고, 그만큼 자주 소화제를 찾았습니다. 당연히 위염이나 식도염과도 친했고요.

그런데 채식을 시작한 이후 소화제를 복용하는 횟수가 절반 정도로 확 줄었어요. 아무래도 기름지고 자극적인 음식을 덜 먹어서가 아닐까 짐작하고 있습니다.

서진 "건강검진 결과가 정말 좋아졌어요. 원래는 피가 그렇게 맑지 않아서 그랬는지 채혈을 할 때 애를 많이 먹었거든요. 그런데 이제 피가 굉장히 잘 뽑혀요. (웃음) 복부 지방도 줄었고요. 일상생활에서 체감하는 건 크게 두 가지인데, 화장실을 정말 잘 간다는 것, 딱딱하고 기름진 것을 덜 먹어서인지 치아랑 턱이 건강해졌다는 거예요."

내 몸의 변화는 체감할 수는 있지만 측정하기는 어려운 것이기도 하지요. 실제로 채식을 하면서 몸이 가벼워졌다고 이야기하는 사람이 정말 많은데요. 연령도, 건강 상태도 모두 다르기에 일반화할 수는 없지만 어떤 뚜렷한 경향성만큼은 짚어 볼 수 있을 것 같아요. 미국영양학회(Academy of Nutrition and Dietetics)에 따르면, 채소 위주 식사가 심장병이나 동맥경화, 고혈압과 뇌졸중 같은 질병을 막는 데 도움을 준다고 합니다.[5] 피 뽑는 일이 수월해졌다는 서진의 말도 이와 관련이 있을 거예요. 그 이유는 채식이 콜레스테롤 수치에 영향을 주기 때문입니다.

콜레스테롤은 우리 몸을 구성하는 세포들에 막을 만들고 그것을 유지해 줍니다. 세포막을 보호하고 혈관의 벽이 손상되는 것을 막아 주는, 우리에게 꼭 필요한 물질이라고 할 수 있지요. 우리 몸은 필요한 만큼 콜레스테롤을 생성하고 또 분해·배출하는데, 이때 콜레스테롤 수치가 필요 이상으로 높아지면 문제가 됩니다. 혈관 내벽에 콜레스테롤이 끼면 혈액이 지나가는 통로가 좁아지고, 그렇게 되면 혈액이 신체 각 기관으로 공급되는 데 어려움이 생길 수밖에 없어요. 콜레스테롤이 위에서 언급한 질병과 관련된 것도 이 때문입니다.

콜레스테롤 수치는 우리가 먹는 음식과 깊은 관계가 있습니다. 콜레스테롤은 고기와 생선, 유제품과 달걀 같은 동물성 식품에서 발견됩니다. 식물성 식품은 설사 그것이 지방을 많이 함유하고 있더라도(견과류 등) 콜레스테롤이 들어 있지 않다고 해요. 또 귀리와 콩, 과일과 채소, 견과류는 콜레스테롤 수치를 낮추는 대표적인 음식입니다. 이것이 바로 비건 지향 식생활이 중요한 이유입니다. 영국에서 진행된 한 연구에 따르면, 비건 등 채식을 주로 하는 사람이 육식을 하는 사람보다 심장병 위험이 32% 낮았다고 해요.[6] 최근에는 콜레스테롤 자체를 아주 위험한 것으로 보지는 않는 분위기지만, 혈관 건강이 염려되는 사람이라면 채소 위주의 식생활을 유지하는 것이 좋겠지요.

또 2011년 미국영양학회가 발간한 논문에서는 채식 위주 식생활을 한 사람이 그렇지 않은 사람보다 섬유질과 비타민 A·C·E, 티아민(비타민 B_1), 리보플라빈(비타민 B_2), 엽산, 칼슘, 마그네슘, 철분 등의 평균 섭취량이 더 많다는 결과가 나오기도 했습니다.[7] 논문의 결론은 "채식 위주 식단이 영양 밀도가 높고 공공기관이 제시하는 가이드라인과도 일치하기 때문에, 체중 관리를 위해서도 권장될 수 있다"라는 것이었어요.

세현 "일단 화장실을 정말 잘 가요. 그리고 불필요한 군살이 정말 많이 빠진 느낌이 들어요. 제가 고등학교 때 축구를 엄청 좋아했거든요. 골도 종종 넣고 그랬는데, 세 골을 연속으로 넣은 날 친구들이 '와, 비건 스트라이커다!' 이렇게 말하면서 저를 칭찬해 줬던 기억이 나요. 건강하고 튼튼한 비건의 이미지가 굉장히 자랑스러웠지요."

흔히 비건 식사를 하면 단백질이 부족해서 힘이 달리지 않느냐고 묻는 사람들이 있습니다. 그런데 세현의 말처럼 전혀 그렇지 않아요. 근력을 많이 사용하는 운동선수 중에도 채식주의자거나 간헐적으로 채식을 하는 사람이 많습니다. 1984년 LA 올림픽에서만 네 개의 금메달을 딴 전설적인 육상선수 칼 루이스

는 1990년에 비건이 되었습니다. 그리고 1991년, 운동선수로서는 다소 많은 나이인 30세에 세계육상선수권대회 100m 경기에서 세계 신기록을 경신하며 우승했는데, 《가디언》은 그가 채식주의자가 된 것이 여기에 도움이 됐다고 보도했지요.[8]

전설적인 복싱선수 마이크 타이슨도 10년 동안 완전 채식을 했다고 알려져 있습니다. 영국의 축구 스타인 크리스 스몰링도 2016년부터 비건으로 살아온 '비건 축구선수'입니다. 이뿐 아니죠. 축구의 신으로 불리는 리오넬 메시도 시즌 중에는 채식 식사를 고집한다고 해요. 미국 프로농구 스타 카이리 어빙은 2017년부터 엄격한 채식을 했는데, 비건이 된 이후 일상생활은 물론 경기를 뛸 때도 몸이 더 가뿐해진 것을 느낀다고 말한 바 있습니다. 최근에는 UFC✦ 선수 중에도 채식을 하는 사람의 비중이 높아지고 있습니다. 어때요, 예전에는 공식처럼 여겨졌던 '육식=힘'이라는 등식을 이제 바꿀 때가 된 것 같지요?

뛰어난 운동능력을 뽐내려면 체력뿐 아니라 다른 신체적 요소들도 뒷받침이 되어야 할 텐데요. 관절 건강 역시 채식과 관련이 있다는 연구 결과가 나오고 있습니다. 통곡물과 채소, 과일을 중심으로 한 식단이 관절의 염증을 완화하고 관절염에서 오는

✦ Ultimate Fighting Championship. 미국의 종합격투기 단체.

통증을 줄일 수 있다는 것이지요. 한 연구에 따르면 저지방 완전 채식을 4주 동안 실천한 사람들이 류머티즘 관절염의 통증과 부기가 개선되는 효과를 보았다고 해요.[9]

군살이 빠졌다는 세현의 말처럼, 비만과 채식의 상관관계도 잘 알려져 있습니다. 통곡물과 콩류, 채소와 과일은 섬유질을 많이 함유하고 있기 때문에 부피당 칼로리가 낮아요. 또 그에 비해 포만감은 큰 편이어서 과식의 위험성을 줄여 주는데요. 이런 경향은 실제 연구에서도 확인됐습니다. 비만의 유병률✦은 음식을 가리지 않고 먹는 사람에게서 40%로, 채식 위주의 식사를 하는 사람과 비건에게서는 29%로 나타났습니다.[10] 채식을 하는 사람은 훨씬 더 낮은 비만 위험도를 보였지요.

달라진 나, 그리고 나와의 관계

스스로 윤리적 기준을 세우고 거기에 맞춰 살아갈 수 있다면 우리 삶은 얼마나 긍지 넘치고 풍성해질까요? 비건 생활을 시작한 이후, 저는 저 자신과 화해한 것 같다는 생각을 종종 합니다. 제가 못나 보이고 세상에 별다른 도움이 되는 것 같지 않을 때, 비

✦ 특정한 한 시점에 일정 지역에서 나타나는 환자 수의 비율.

건이라는 목표를 설정하고 그 목표를 향해 움직이고 있다는 것만으로도 무언가 기여하고 있다는 생각이 들기 때문입니다. 승주 역시 비건 지향 생활을 시작한 이후 자신과의 관계가 달라진 것 같다고 이야기합니다.

승 주

"비건으로 살면서 정신적으로 변하고 있다고 생각해요. 제가 조금 더 살아 있다고 느낀다고 할까요? 이 사회에서 내가 뭐라도 하고 있구나, 도움이 되고 있구나, 이런 감정이 저한테는 굉장히 소중해요. 가벼운 마음으로 살 수 있다는 느낌, 제가 유해지는 것 같다는 느낌도 들고요."

승주의 '살아 있다'는 말이 굉장히 울림 있게 다가옵니다. 살아 있다는 감각은 곧 우리가 다른 존재와 연결돼 있다는 사실을 생생하게 느끼는 것 아닐까요? 그렇게 나 아닌 다른 생명체를 위해 고민하고 행동할 때 우리 삶은 더 충만해지는 것 같습니다.

철학자 에마뉘엘 레비나스는 "참으로 사람다운 삶은 그냥 존재함의 차원에 만족하는 조용한 삶이 아니다. 사람답게 사는 삶은 타자에 눈뜨고 거듭 깨어나는 삶이다"라고 말했다고 하지요.[11] 그의 말대로라면 동물권에 눈뜨고 그들을 위해 행동하는 비건의 삶은 정말로 '사람다운' 삶에 가깝다고 하겠습니다.

언젠가 주위의 채식인에게 이런 말을 들은 기억이 있습니다. “지금의 내가 가장 마음에 드는 나인 것 같다.” 그분은 비건 지향 생활을 시작한 이후 주변 사람들로부터 이런저런 비판을 받으면서 마음에 상처를 입기도 했다고 하는데요. 아이러니하게도 “주위에서 가장 이해할 수 없어 하는 내 모습이 가장 내 마음에 드는 모습이다”라고 이야기해서 듣는 사람들의 마음을 움직이더군요. 그에게서 누구도 훼손할 수 없는 단단한 자아와 자긍심이 느껴졌습니다. 이것 역시 비건을 하면서 얻을 수 있는 꽤나 큰 보람이 아닐까 싶습니다.

승주 "비거니즘이라는 것이 제가 제 안에서 물음을 만들고, 스스로 답을 찾아내는 과정이잖아요. 내 안을 들여다보는 일이요. 그러니까 사유의 폭도 넓어지는 것 같아요."

비거니즘은 배제가 아닌 연결을 지향합니다. 동물들의 고통에 공감하고 그들의 고통을 조금이라도 줄이려는 마음이 다른 존재와의 연결감을 되찾게 하는 것이겠지요. 비거니즘은 우리의 생이 다른 존재에게 빚지고 있다는 것을, 지구상에 살아가는 모두와 크고 작은 영향을 주고받는다는 것을 실감하는 과정이기도 합니다.

코로나19가 전 지구적으로 창궐한 이후 '원 헬스(one health)'라는 개념이 주목받았습니다. 원 헬스란 나와 동물, 지구환경의 건강이 모두 하나로 연결되어 있다는 뜻으로, 동물이 건강해야 사람도 건강하고, 나아가 환경도 건강하다는 관점입니다. 사람과 동물이 모두 감염될 수 있는 질병인 인수공통감염병을 떠올려 보면 쉽게 이해가 되는데요. 사람이 야생동물의 터전을 파괴해 그곳에 있던 바이러스가 사람의 몸으로 옮아오고, 이 과정에서 가축이 질병을 옮기는 매개체가 되기도 합니다. 지구상의 모든 존재가 서로 영향을 주고받는 과정을 면밀히 관찰해야 한다는 원 헬스 개념은 지구상의 누구도 독립적인 존재가 아니라는 사실을 상기시킵니다. 우리 생각의 범위가 인간에서 비인간으로, 또 생태계로 확장하도록 돕고요. 비거니즘과도 공명하는 지점이 있는 것 같지요?

또 비거니즘은 무엇인가를 '먹지 않는' 마이너스의 개념이 아니라, 조금 다른 것을 먹으며 새로운 세상을 만나는 플러스의 특성을 갖고 있습니다. 승주는 비건이 된 이후 사유의 폭이 넓어진 것 같다고 했는데요. 연결과 확장이야말로 비거니즘의 큰 특징 아닐까요?

승주의 말을 들으며 저의 과거를 떠올렸습니다. 저는 사회문제에 별다른 관심이 없는 편에 가까웠어요. 지금 꺼내 놓기는 조금 부끄러운 이야기지만, 당시의 제게는 나와 내 가족이 건강하고 행복하게 잘 사는 것이 무엇보다 중요했습니다. 그러나 동물권과 비거니즘을 접하고 나서는 세상을 보는 눈이 완전히 달라졌어요. 우리 사회에서 가장 약자인, 아니 때때로 약자로도 인정받지 못하는 동물들의 현실에 눈을 뜨면서 다른 약자들의 삶에도 자연히 마음을 쓰게 되었거든요. 충분히 보장되지 않는 장애인들의 권리 문제, 성소수자가 차별받는 현실, 성차별적 사회구조 등에도 차츰 목소리를 내게 되었습니다. 동물들이 저의 시야를, 나아가 저의 세상을 넓혀 준 것이지요.

보선 작가는 직접 그리고 쓴 책 《나의 비거니즘 만화》에서 이렇게 말했습니다. "비거니즘은 나의 세계를 보다 평화적으로 넓히는 삶의 방향"이라고 말이지요. "사유의 대상이 확장하면 내 안의 세계도 넓어지"고 "당연했던 것들이 당연하지 않게 되고 보이지 않던 것들이 보이게" 된다고요.[12] 이 책을 읽는 여러분들은 '나'의 범위를 어디까지로 생각하는지 문득 궁금해집니다. 결국 내 세계를 만들어가는 것은 다른 누구도 아닌 '나'이겠지요? 우리가 모두 비거니즘에 눈을 뜬다면 우리의 세상은 얼마나 더 넓어질까요?

6

비건에 한 발짝 가까이

지금까지 비거니즘과 비거니즘을 실천하는 데 따르는 즐거움과 어려움을 알아보았습니다. 여기까지 읽으며 어떤 생각을 했나요? '아, 역시 비건은 힘들어!', '이렇게 힘든 걸 도대체 어떻게 매일 하고 살지?' 하지는 않았나요?

그렇다면 지금부터 할 이야기에 조금 더 집중해도 좋겠습니다. 이번 장에서는 우리가 일상생활에서 큰 힘을 들이지 않고 비거니즘을 실천할 수 있는 일들에 대해 알아보려고 해요. 바로 우리가 입고 쓰는 것을 바꾸고, 말과 행동에 변화를 주는 방식입니다. 100% 완벽한 채식을 하지는 못하더라도 일상에서 사용하는 물건들을 비건 제품으로 대체하고 생활양식을 되돌아봄으로써 비건에 조금 더 가까워지려고 노력하는 것입니다. 이것이야말로 지속 가능한 비건 지향 생활이라고 할 수 있을 거예요.

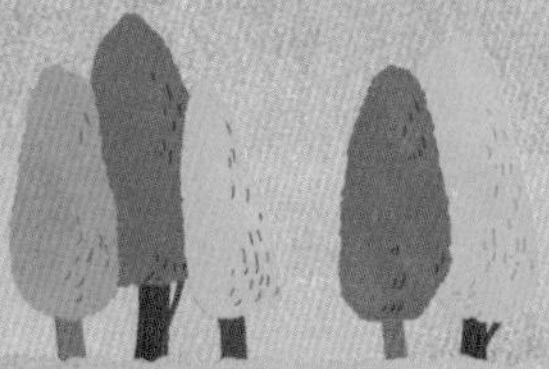

이 중 어떤 것은 이미 여러분이 생활 속에서 실천하고 있을지도 몰라요. 어렵지 않으니 가벼운 마음으로 따라오세요.

STEP by STEP

입고 쓰는 것 바꾸기

비거니즘은 비단 먹는 것에만 국한되지 않습니다. 우리가 입고, 신고, 쓰는 것 모두에 비거니즘을 적용할 수 있지요. 옷과 신발, 가방은 우리가 생활하는 데 꼭 필요한 물품입니다. 그런데 이것들을 생산하는 과정에서 동물 착취가 빈번하게 일어납니다. 특히 겨울옷은 동물의 털을 이용해 만드는데, 털을 채취하는 과정에서 끔찍한 동물 학대가 벌어지거든요. '털이야 깎으면 또 자라는 것 아닌가?' 하고 가볍게 생각할 수 있지만 현실은 전혀 그렇지 않습니다.

겨울옷에 가장 많이 쓰이는 소재 중 하나인 울은 양의 털로 만들어지는데요. 사람들은 양의 배설물 때문에 털이 얼룩지는 것을 막기 위해 양의 엉덩이 살과 꼬리를 자릅니다. 털을 깎을 때는 발버둥을 치는 양을 제압하기 위해 온몸을 짓누르는데, 이 과정에서 목숨을 잃는 양도 숱하다고 해요. 오리털이나 거위 털을 넣은 패딩은 어떨까요? 살아 있는 오리와 거위의 털을 마취 없이 뜯어내기 때문에 이들은 비명을 지르고 발버둥을 치다 죽음에 이릅니다. 모피 생산 과정의 잔인함에 관해서는 이제 많은 사람이 알고 있는 것 같아요. 모피 농장에서는 모피를 얻기 위해 밍크 같은 동물을 몽둥이로 때리거나 전기충격을 가해 기절시킵니다. 그 후 산 채로 가죽을 벗겨 내는데, 그렇게 해야 가죽이 더 부드럽기 때문이라고 해요. 글로만 읽어도 너무나 끔찍하고 가슴 아픈 이야기지요. 동물권을 옹호하는 사람들은 단호하게 말합니다. "동물을 학대하지 않고 얻을 수 있는 동물 털은 없다"고요.

세계적인 동물보호단체 페타(PETA)는 소위 '명품'이라고 불리는 브랜드에서 가죽 가방을 만들기 위해 뱀을 죽이는 장면을 확보해 공개했는데요.[1] 도살장 직원들이 비단뱀의 머리를 망치로 내리치고, 목구멍이나 항문에 호스를 꽂은 후 뱀의 몸속에 물을 채우는 장면이 포착됐습니다. 수압을 높여서 피부를 벗겨 내기 쉽게 만드는 과정이라고 해요. 인간의 잔인함이 어디까지 이를 수 있을지, 저 역시 기사를 읽으며 회의가 들었습니다.

비단 동물 학대뿐일까요? 모피를 생산하는 데는 엄청난 양의 자원이 들어갈 뿐만 아니라 환경오염도 발생합니다. 모피 1kg을 만들기 위해서는 밍크 11마리 이상이 필요하고, 여기에는 닭과 어류로 만들어진 사료가 최소 550kg 동원된다고 합니다. 밍크에게 먹일 사료를 운반하고 배설물을 치우고 시설을 유지·관리하는 데 필요한 자원은 물론, 밍크를 도살하고 털을 세척·가공하는 데 들어가는 에너지까지를 모두 고려하면 인조 모피를 제작하는 것보다 10배 많은 에너지가 소모된다고 하지요.[2] 잔인한 방식으로 동물의 목숨을 빼앗고, 어마어마한 환경오염을 발생시키면서까지 모피를 소비해야 할 이유가 있을까요?

물론 긍정적인 변화가 없는 것은 아닙니다. 최근 세계적인 패션브랜드들이 너도나도 모피를 사용한 제품을 만들지 않겠다고 선언하고 있거든요. 또한 이탈리아는 모피 농장 운영을 전면 금지했습니다. 털을 채취하려는 목적으로 밍크와 여우, 너구리 같은 동물을 번식시키지 못하도록 하는 법안이 통과된 것인데요, 2022년 6월 말을 기준으로 이탈리아에 남은 모피 농장은 모두 폐쇄됐다고 합니다.[3]

동물 가죽을 사용해 가방을 만드는 패션브랜드들도 조금씩 달라지고 있습니다. 동물보호에 대한 소비자들의 관심이 커지면서 하나둘 비건 상품을 개발하고 있어요. 동물 가죽을 즐겨 사용하던 프랑스의 한 유명 브랜드에서 버섯 곰팡이로 만든 가죽 가방을 출시했고, 이탈리아의 모 브랜드 역시 식물성 원료를 사용한 신소재를 개발했다고 해요. 최근에는 사과 껍질과 파인애플 잎, 포도 찌꺼기로 만든 식물성 가죽도 다양하게 출시되고 있습니다.

승주 "저는 동물 털이 들어간 옷은 사지 않고, 면이나 합성 소재를 주로 사거든요. 화장품도 중국 수출을 하지 않는지, 크루얼티 프리(cruelty-free)✦인지 꼭 확인해요. 하지만 가장 중요한 것은 소비하지 않는 것 아닐까 싶어요. 최대한 이미 있는 것 위주로 쓰면 다른 존재의 고통도 덜 수 있고, 쓰레기도 덜 만들 수 있고요."

2022년 현재 우리나라에서는 동물실험을 실시한 화장품을 유통하거나 판매하는 것이 금지되어 있습니다. 과거에는 화장품을 만들 때 반드시 동물을 대상으로 실험해서 '안전성'을 입증해야 했지만 이제는 그럴 필요가 없어진 것입니다. 하지만 중국에 수출하는 제품의 경우에는 여전히 동물실험을 하고 있습니다. 중국 정부가 동물실험을 거치지 않은 화장품은 수입할 수 없도록 규정하고 있기 때문이에요. 그래서 국내 소비자용 제품을 만들 때는 동물실험을 하지 않는 제조사라 하더라도, 중국에 수출할 때는 동물실험을 거치는 것이 현실입니다. 비건을 지향하는 소비자라면 특정 상품을 구입하기 전에 이 부분을 반드시 확인해야 하는 이유입니다.✦✦

✦ 동물실험을 하지 않는 제품을 가리킨다.

'크루얼티 프리' 마크를 본 적이 있나요? 동물실험을 하지 않은 제품에 붙는 이 마크에는 토끼 그림이 그려져 있습니다. 토끼가 화장품 실험에 가장 많이 동원되는 동물이기 때문이에요. 일례로 마스카라를 만드는 데는 수많은 토끼의 희생이 따릅니다. 화장품 제조사들은 마스카라의 지속성을 시험하기 위해 토끼를 틀에 잡아 가두고, 토끼의 눈에 반복적으로 화학물질을 넣어요. 이 과정에서 저항하다가 목이 꺾여 죽는 토끼가 셀 수 없이 많습니다. 또 실험이 끝난 토끼들은 안락사를 당하고, 안구는 적출돼 연구용으로 쓰입니다. 우리의 '아름다움'을 위해 다른 생명이 죽임을 당해야 한다니, 정말 가슴이 아픕니다. 동물실험을 하지 않는 것은 물론, 동물성 원료를 쓰지 않는 비건 화장품을 사용해야 하는 이유를 이제 잘 알겠지요?

세현 "저는 옷을 살 때 주로 구제 옷 가게를 이용해요. 또 중고품을 사고파는 사람끼리 직접 만나 거래하는 온라인 애플리케이션을 자주 쓰고요. 아, 그리고 '화장 안 하기'를 실천하고 있어요. 비건 화장품이 잘 없기도 하고, 구하기도 너무 어려워서요."

✦✦ 2021년 5월부터 중국은 자외선 차단제, 염색약 등을 제외한 '일반 화장품' 품목에 대해서는 동물실험을 면제하는 것으로 규정을 바꿨다. 하지만 동물실험을 완전히 금지한 것은 아니다.

최근에는 세안제부터 스킨, 로션, 마스카라, 아이라이너까지 여러 비건 화장품이 출시되고 있으니 선택의 폭도 넓어졌습니다. 한 글로벌 시장조사기관에 따르면 전 세계 비건 화장품 시장 규모는 매년 평균 6.3% 성장하고 있다고 해요.[4] 국내에서 비건 인증을 받은 화장품도 1,000개가량 된다고 하네요.[5] 선택의 폭이 꾸준히 넓어지고 있으니, 앞으로 동물을 착취하지 않는 화장품을 사용해 보는 건 어떨까요?

세현과 승주는 옷을 소비할 때 새것이 아닌 구제를 사거나, 종종 그것조차 사지 않으려고 노력한다고 합니다. 제아무리 환경을 고려해 만든 옷이라고 해도 생산과정에서 필연적으로 자원을 소비할 수밖에 없기 때문입니다. 패션산업이 차지하는 탄소 배출량은 전 세계 연간 탄소 배출량의 10%가량이라고 하는데요.[6] 이제는 소비 자체를 다시 생각해야 하는 시점이 아닐까 싶습니다.

말과 생각 돌아보기

먹고, 입고, 쓰는 것을 바꾸는 일 못지않게 중요한 것이 있다면 아마도 생각과 인식을 바꾸는 일이 아닐까 싶습니다. 그런 의미에서 우리의 언어생활을 돌아보는 과정이 반드시 필요할 텐데요. 언어와 사고는 떼려야 뗄 수 없는 관계에 있기 때문입니다. 가령 어떤 일을 이제 막 시작한 사람에게 '○린이'라는 표현을 계속 쓴다면, 우리도 모르는 사이에 어린이는 미숙하고 불완전한 존재라는 편견을 강화할 수 있는 것처럼요. 이렇게 일상생활에서 우리가 사용하는 언어가 누군가를 소외시키거나 배제하고 있지는 않은지, 혹은 어떤 대상에 대한 선입견을 갖게 하지 않는지 함께 돌아보면 좋겠습니다.

눈재 "음악을 하면서도 비슷한 고민을 해요. 가사를 쓰든 글을 쓰든 누군가를 해치지 않는 말들을 주로 적는 것 같고요. 그래서 제가 쓰는 가사는 어떤 면에선 다 비슷해요. 콘텐츠를 볼 때도 동물이나 다른 존재를 배제하는 말이 나오는 건 보지 않으려고 해요. 이제는 짧은 유튜브 영상 하나를 보는 것도 힘들어졌어요."

음악을 만드는 사람인 눈재는 다른 존재를 배제하는 음악은 하고 싶지 않다고 이야기했습니다. 배제가 아닌 연대와 공존을 말하는 음악, '비건 음악'을 하고 싶다는 것이지요. 비건의 의미를 멋지게 확장한, 가슴 뛰는 이야기가 아닐 수 없었습니다.

저 역시 글을 쓰는 사람으로서 늘 조심하는 것이 바로 언어

사용입니다. 제 글에 등장하는 대상을 소외시키거나 대상화하고 싶지 않기 때문입니다. 또 읽는 사람을 아프게 하는 문장은 실수로라도 쓰고 싶지 않다고 자주 생각합니다. 그래서 세상의 여러 문제에 늘 관심을 가지고 더 공부해야겠다고 다짐하지요. 특히나 저는 동물권을 옹호하기 때문에 동물과 관련된 언어를 다룰 때 가장 많이 마음을 씁니다. 제가 사용하는 언어가 우리 사회의 약자인 동물의 자리를 더 위축시키고 좁히는 결과를 만들지 않을까 염려되기 때문이에요.

우리가 자주 사용하는 비유들을 먼저 돌아볼까요. "도살장에 끌려가는 소 같다", "복날 개 패듯 하다" 이런 말들은 듣기만 해도 그 폭력성에 몸서리가 쳐집니다. 도살 직전의 소는 자신의 죽음을 직감하고 슬픈 울음을 운다고 하지요. 도살장 안으로 끌려 들어가지 않으려고 있는 힘을 다해 버티기도 합니다. 그런데 우리는 하기 싫은 일을 할 때의 기분을 너무 쉽게 소의 죽음에 빗대 이야기합니다. 죽음을 앞둔 소가 어떤 심정일지를 진심으로 생각해 본다면, 더욱이 그 죽음이 인간에 의해 초래된 것이라는 점을 감안한다면 이런 표현은 더 이상 써서는 안 될 것입니다.

"복날 개 패듯 하다"라는 말도 마찬가지입니다. 2022년 현재 개 식용 금지에 관한 사회적 논의가 진행되고 있지만, 여전히 복날이 되면 수많은 개가 목숨을 잃습니다. 저 문장이 나타내듯 아주 잔인하고 끔찍한 방식으로요. 우리가 별다른 의식 없이 이런 비유를 사용한다면, 지금의 개 도살을 당연하고 문제없는 것으로 인식하게 될 수도 있습니다.

이뿐일까요. 동물을 인간보다 하등한 존재로 설정하고 낮추어 보는 표현들도 짚어 볼 수 있습니다. '짐승만도 못한' 같은 표현은 어떤가요? 앞서 다른 장에서도 이야기했지만, 비인간 동물과 인간 동물은 서로 다른 생명체일 뿐 우열을 따지고 줄 세울 수 없습니다. 룰루 밀러가 쓴《물고기는 존재하지 않는다》라는 책에 이런 대목이 나옵니다. "까마귀는 우리보다 기억력이 좋고, 침팬지는 우리보다 패턴 인식능력이 뛰어나며, 개미는 부상당한 동료를 구출하고, 주혈흡충은 우리보다 일부일처제 비율이 더 높다"[7]라고요. 저자는 "동물은 인간이 스스로 우월하다고 가정하는 거의 모든 기준에서 인간보다 더 우수할 수 있다"라고 말합니다.

이외에도 '게으른 곰', '지저분한 돼지'처럼 인간의 관점으로 동물에게 특정한 이미지를 덧씌우거나 낮잡아 보는 표현도 문제라 하겠습니다. 생태계 최상위 포식자인 곰은 지능이 높을 뿐 아니라 행동도 몹시 빠르고 민첩하다고 알려져 있지요. 돼지 역시 본래 잠자는 공간과 배설 공간을 구분해 생활하는 동물입니다. 우리가 흔히 생각하는 '오물을 뒤집어쓴' 돼지의 모습은 공장식축산의 문제와 관련이 있어요. 진흙 목욕을 하며 체온을 조절해야 하는 돼지가 비좁은 축사 안에서 체열을 내리기 위해 어쩔 수 없이 배설물을 몸에 묻히는 것이지요.

서진 역시 우리가 일상적으로 사용하는 언어에 깃든 종차별적 표현을 예리하게 인식하고 있었습니다. 서진은 이 책에서 동물의 수를 셀 때 쓰는 단위인 '마리' 대신 사람을 셀 때 쓰는 '명'을 사용하자고 제안했는데요. 인간과 비인간을 다르게 취급하고 인간의 목숨을 비인간의 것보다 더 소중하게 생각하는 풍토에 문제를 제기한 겁니다. 앞서 살펴본 문장을 한번 고쳐 읽어 볼까요? "모피 1kg을 만들기 위해서는 밍크 11명 이상이 필요하다." 어떤가요? 우리가 무심코 넘겼던 동물의 죽음이 더욱 낯설게 다가오지 않나요?

비슷한 맥락에서 서진은 수평아리는 남성 병아리로, 암퇘지는 여성 돼지로 불러야 한다고 지적했어요. '홀스타인'을 젖소라고 부르는 것에 대해서도 목소리를 높였습니다. "엄연히 이름이 있는데, 인간이 바라보는 소의 쓸모에만 초점을 맞춰 젖소라고 부르는 것은 종차별적"이라는 것이지요.

'물살이'라는 표현을 들어 본 친구들도 있을 거예요. 최근 동물권 운동 진영에서는 '물에 사는 고기'라는 뜻의 물고기라는 이름 대신 '물살이'라는 표현을 쓰자는 움직임이 일고 있습니다.

'인간이 먹는 동물의 살'을 뜻하는 '고기'라는 단어를 떼어 놓고 나니 바다 동물이 '물에서 살아가는 존재'로, 우리와 똑같이 생명을 가진 존재로 새롭게 다가오는 것 같습니다.

동물권에 눈뜬 이후 저는 콘텐츠를 소비할 때도 동물을 착취하는 콘텐츠는 보지 않으려고 노력합니다. 2022년 초, 한 드라마 촬영장에서 말을 사망에 이르게 한 일이 크게 문제가 되었는데요. 말에서 떨어지는 장면을 찍기 위해 말을 전속력으로 달리게 하고, 인위적인 장치를 동원해 말이 고꾸라지도록 했습니다. 이 과정에서 말은 목이 꺾이는 사고를 당했고, 얼마 지나지 않아 목숨을 잃었습니다. 사람들의 '짧은 재미'를 위해 동물이 생명을 잃어야 한다니 참담함에 말도 나오지 않았습니다.

동물권행동 카라는 2020년 11월, 동물을 촬영에 응하게 할 때 지켜야 할 원칙들을 담은 '동물 출연 미디어 가이드라인'을 발표했습니다. 촬영 과정에서 동물의 안전이 고려되었는지, 촬영이 동물의 종별 성격에 맞춰 진행되었는지 등을 점검할 수 있도록 하는 내용입니다. 그러나 카라는 "실제 동물이 아닌 CG 혹은 제작 소품이 촬영에 사용되는 것을 최우선으로 권장한다"라고 명확하게 밝히고 있습니다. 방식과 정도는 다를지라도 동물을 촬영에 응하도록 하는 모든 행위가 결국 학대는 아닌지, 진지하게 생각해 보아야 할 것입니다.

금비 "육식이 기후 위기를 가속화하는 원인이잖아요. 그런데 환경 수업을 할 때 선생님께서 채식에 대해 이야기하지 않는 것이 조금 이해가 안 됐어요. 그래서 제가 역으로 건의를 했어요. 이런 내용도 다뤄 주시면 좋겠다고요. 선생님도 찬성하셨고, 흔쾌히 제 제안을 받아들여 주셔서 기뻤지요."

우리의 언어생활을 돌아보는 것 못지않게, 채식과 동물권에 대한 올바른 인식이 퍼져 나가도록 하는 일 역시 중요할 것입니다. 환경 수업을 받던 금비는 육식 위주의 식생활을 바꾸는 것이 환경에 큰 영향을 미친다는 사실을 다른 친구들에게도 알릴 방법을 생각해 냈습니다. 선생님께 채식과 기후 위기의 관계를 설명해 주십사 하고 부탁을 드렸던 것이지요.

옳다고 생각하는 것을 실천하고, 나아가 주변의 인식을 바꾸기 위해 직접 행동하는 청소년들을 보며 저도 가슴이 두근거렸습니다. 아직 비건의 삶을 살고 있지 않다 하더라도 우리가 알게 된 것을 바탕으로 잘못된 사실을 바로잡고, 무심코 써 왔던 말 속에 동물에 대한 차별적 시선이 담겨 있지는 않은지 살피는 일에는 도전해 볼 수 있지 않을까요? 그게 비건 지향적인 삶을 향한 작은 발걸음이 될 테니까요.

완벽한 채식주의라는 함정

지치지 않고 오래오래 건강한 비건 지향 생활을 영위하기 위해서는 완벽주의에 갇히지 않는 것이 중요합니다. 완벽주의란 모든 면에서 결함이 없이 완전함을 추구하려는 태도를 말하는데요. 완벽한 비건이 되기란 현실적으로 쉽지 않습니다. 우리의 생활이 오랜 육식 문화에 기반하고 있어서 100%를 달성한다는 것이 불가능에 가깝기 때문입니다. 또한 완벽한 비건 한 명보다 불완전한 비건 99명이 동물권 증진이나 기후 위기 해결에 더 도움이 될 테니까요. 그러니 우리의 목표를 불완전한 비건, 느슨한 비건이 더 많이 생겨나는 것에 맞추면 좋겠다는 생각이 들어요.

세현 "제 경우 처음부터 채식을 엄격하게 쭉 실천한 건 아니었어요. 시작했다가 중간에 힘들어서 포기했다가, 또다시 했다가 '아, 못하겠어' 하고 그만뒀다가, 이렇게 흔들렸던 경험이 정말 많거든요. 힘들면 그만두고 다음 날이나 다다음 날 다시 시작하고……. 처음엔 그랬던 것 같아요."

시작부터 완벽한 비건이 과연 있을까요? 먹고 입고 쓰는 것을 바꾸는 일은 삶의 뿌리부터 이파리까지를 통째로 바꾸는 것이

어서 결단코 쉬울 리 없습니다. 비건을 결심한 순간부터 지금 이 순간까지, 단 1초도 흔들리지 않고 완벽한 비건의 삶을 사는 사람은 아마도 없을 것입니다. 그렇다면 세현처럼, 포기했다가 다시 시작하는 것이 가장 현명한 자세일지도 모르겠어요. 자꾸만 작심삼일이 된다면 작심삼일을 여러 번 반복하면 된다는 말이 있듯 말이지요.

작가이자 비건 지향인인 이슬아의 칼럼 일부를 소개하고 싶습니다. 비건을 '흔들리는 사람'으로 규정하고, 그 흔들림이야말로 비건의 중요한 정체성 중 하나라고 말하는 칼럼입니다. "언뜻 비건은 헷갈리지 않는 사람처럼 보인다. 동물권과 기후 위기에 대해 명료한 지식과 확고한 신념을 가진, 윤리 의식으로 무장한, 웬만해선 헷갈리지 않는 사람처럼 말이다. (……) 하지만 대답을 망설이는 비건의 얼굴 또한 나는 안다. 흔들리는 눈빛으로 그저 고기 먹기를 멈추기로 한 얼굴들 말이다. 이 흔들림이야말로 비거니즘의 아주 중요한 부분이라고 느낀다. 내가 하고 싶은 운동은 이 흔들림을 적극적으로 이해하고 허용하는 비거니즘이다."[8]

이슬아 작가는 자신이 하고 있는 글쓰기와 비거니즘 간에는 "실패를 거듭할 수밖에 없는 일"이라는 공통점이 있다고 이야기하면서 비거니즘은 "끊임없이 헷갈리게 되는 일"이라고 말합니다. 헷갈리면서도 자신만의 답에 다가가려 노력하는 것, 비틀거리면서도 조금씩 나아가는 것, 이 모든 것이 비거니즘의 정신에 가깝지 않을까요?

금비 "비건이 되기 전인 중학교 1학년 후반 때 이야기인데요. 처음에는 채식을 하겠다는 생각을 아예 못 했던 것 같아요. 먹을 수 있는 게 급식밖에 없어서 채식이 불가능에 가깝게 느껴졌거든요. 그런데 아예 포기하긴 싫었어요. '그럼 플렉시테리언✦ 정도라도 해 보자' 생각하고 노력했지요."

금비의 시작은 '플렉시테리언'이었습니다. 할 수 있는 것부터 시작해 보자는 생각으로 플렉시테리언에 도전했고, 이후 조금씩 더 비건에 가까워졌다고 해요. 만일 금비가 처음부터 완벽한 비건이 되겠다고 생각했다면 오히려 비건 지향 생활을 금방 포기했을지도 모르겠습니다.

'완벽한 비건'이라는 이상은 채식에 단계가 있다는 생각과도 연결됩니다. 우리는 채식 지향인이면서도 종종 육식을 하는 플렉시테리언을 '가장 낮은 단계의 채식주의자'라고 부르지요. 육고기는 먹지 않지만 해산물과 달걀, 우유는 먹는 페스코 베지테

✦ Flexitarian. 기본적으로는 채식을 지향하지만 때에 따라 육식도 하는 채식주의자.

리언을 그다음 단계로 보고요. 또 달걀은 먹지만 유제품과 해산물은 먹지 않는 오보 베지테리언, 유제품은 먹지만 달걀과 해산물은 먹지 않는 락토 베지테리언을 그보다 조금 더 높은 단계의 채식주의자라고 생각합니다. 완전 채식을 실천하는 비건은 가장 높은 단계의 채식주의자가 될 테고요.

그런데 이렇게 다양한 모양의 채식을 '단계'라고 표현해도 괜찮을까요? 단계란 높고 낮음이 있다는 뜻이고, 그 말은 곧 동물을 먹어도 될 동물과 안 되는 동물, 소중한 동물과 덜 소중한 동물로 나눌 수 있다는 말 아닐까요? 예를 들어 페스코 베지테리언을 플렉시테리언보다 높은 단계라고 한다면 해양 동물을 먹는 것이 육상동물을 먹는 것보다는 괜찮은 일이고, 육상동물이 해양 동물보다 더 중요한 존재라고 말하는 셈이 되지는 않을까요? 이런 표현을 계속 사용한다면 동물들 사이에 선을 긋고 위계를 설정하는 것에 별다른 문제의식을 느끼지 못할지도 모릅니다.

요즘 채식을 실천하는 사람 가운데선 '채식의 단계'라는 표현이 종차별주의를 불러일으킨다고 지적하는 사람이 많습니다. 채식의 '단계'가 아니라, 채식의 '종류'나 '모양'이라고 표현할 때 완벽한 채식주의라는 함정에도 빠지지 않을 수 있을 것 같아요.

제게는 다양한 모습으로 살아가는 비건 지향인이 더 많이 생졌으면 하는 바람이 있습니다. 규정과 한계에 갇히지 않는 비건들이지요. 한국에는 '비(非)덩'이라는 조금은 특별한 비건 지향인이 있는데요. 덩어리 고기는 먹지 않지만 육수는 먹는 채식인을 말합니다. 우리나라 음식에는 고기 육수나 멸치 육수를 쓰는 국물 요리가 많아서, 덩어리 고기는 먹지 않는다 해도 국물에 들어간 고기까지 피하기는 쉽지 않기 때문입니다. '비덩'은 한국인의 식생활을 감안한 비건의 한 방식이지요.

비덩을 자기만의 방식으로 활용해 보면 어떨까요? 만일 '다른 것은 몰라도 순대만큼은 포기할 수 없다' 하는 사람이 있다면, 순대를 제외한 다른 고기 음식은 먹지 않는 비건이 되어 볼 수 있겠지요. 혹은 일주일에 6일은 채식을 하려고 노력하고, 하루는 육식을 하는 식으로 비건 생활을 시작해 보는 방법도 있을 것입니다. 모두가 주어진 상황과 컨디션에 맞게 채식을 시작하는 것, 이것이 비건의 세상을 더 넓히는 일이 아닐까 생각해 봅니다.

7

우리가 만들어 갈 비건 세상

여러분이 꿈꾸는 세상은 어떤 곳인지, 그 세상은 어떤 모습을 하고 있는지 혹시 구체적으로 생각해 본 적 있나요? 이번 장에서는 우리가 바라는 세상의 모습을 그려 보고, 그런 세상이 도래하도록 하려면 어떻게 해야 하는지를 함께 고민해 보았으면 해요.

'줄탁동기'라는 말이 있지요. 병아리가 알을 깨고 나오기 위해서는 껍질 안에서 스스로 알을 쪼아야 하고, 동시에 어미 닭도 밖에서 함께 알을 쪼아야 한다는 뜻입니다. 어쩌면 사회의 변화도 이런 과정을 거쳐서 오는 게 아닐까 싶습니다. 개인의 변화와 제도의 변화가 동시에 필요하고, 둘 중 어느 것이 먼저라고 말할 수 없으니까요.

자, 우리의 작은 움직임이 곧 사회의 점진적 변화를 이끌어 낸다는 생각으로 마지막 여정을 함께 떠나 볼까요?

GO!

GO!

GO!

동물이 수단이 되지 않는 세상

우리 사회는 아직까지 동물을 '성원'으로 인정하지 않고 있습니다. 사회적 약자라고 할 때 약자는 '인간 동물'만을 가리킬 때가 많고, 인간이 아닌 '비인간 동물'은 그 범주 안에 들지 못하지요. 이 때문에 비인간 동물은 자주 인간의 목적을 이루기 위한 수단으로 취급받습니다. 그런데 비인간 동물 역시 인간처럼 그 자체로 목적이 되는 세상이 온다면 어떨까요? 그렇게 된다면 우리 사회의 정말 많은 부분이 달라지지 않을까요?

서진 "제 장래 희망은 신약을 개발하는 연구원이 되는 것인데, 동물에게 해를 끼치지 않는 방향으로 신약 개발을 하고 싶어요. 아무 의미 없는 동물실험은 정말 하고 싶지 않아요."

서진은 동물이 인간의 목적을 위해 희생당하지 않는 세상을 꿈꿉니다. 앞서 동물실험에 대해 잠시 이야기를 나누었지만, 전 세계 의학과 약학 분야에서는 아직도 동물을 상대로 한 실험이 빈번하게 이루어지고 있어요. 2019년에는 국내 유명 국립대학에서 개를 대상으로 잔인하게 동물실험을 한 사실이 드러나 비판을 받기도 했습니다. 실험 대상이 된 비글은 앙상하게 마른 몸으로 코피를 흘리고 있었고, 다리에 힘이 하나도 없는 듯 아주 낮은 턱조차도 넘지 못했습니다. 이 소식이 널리 알려지면서 동물을 대상으로 한 실험이 꼭 이렇게 잔혹한 방식으로 행해져야 하는지, 나아가 동물실험이 정말 필요한지에 대해 많은 사람들이 목소리를 높였지요.

최근에는 동물실험의 효과에 대해서도 회의적인 의견들이 속속 나오고 있습니다. 우리가 모두 아는 것처럼 인간과 인간이 아닌 동물의 몸은 생김새도 기능도 꽤나 다르지요. 동물에게 유효한 실험이 인간에게도 유효하다는 보장이 거의 없는 것입니다. 한 연구 결과에 따르면 사람과 동물이 공유하는 질병은 약 1.16% 정도에 불과하다고 해요. 동물실험 결과가 사람을 대상으로 한 임상시험에서 똑같이 나올 확률도 5~10% 수준이라고 합니다.[1] 즉, 동물실험 결과 문제가 없었던 약품이 사람에게도 안전하다는 보장이 없다는 것이지요. 물론 그전에 더욱 중요한 것이 있습니다. 바로 동물권입니다. 인간인 우리가 무슨 권리로 동물을 가두고, 그들의 생명을 위태롭게 만들 수도 있는 실험을 행하는 것일까요?

2022년 초에는 돼지의 심장이 이슈가 됐습니다. 돼지 심장을 심장병 환자의 몸에 이식하는 수술이 진행됐거든요. 이식 수술을 받은 50대 미국인 남성은 수술 직후 정상적인 컨디션을 자랑했다고 합니다. 심장도 별다른 문제없이 뛰었고요. 하지만 40일이 지난 후부터 상황은 나빠졌습니다. 서서히 건강이 악화된 환자는 두 달 후에 사망했고, 이식받은 심장에선 돼지 바이러스가 검출됐습니다. 정확하게는 돼지의 거대세포 바이러스였는데, 새끼 돼지나 임신한 돼지에게서 흔하게 발견되는 바이러스의 하나였다고 해요.[2]

이 기사를 읽고 저는 몹시 혼란스러웠습니다. 살아 있는 동물의 몸에서 장기를 적출해 사람에게 이식한다는 것이 어떤 의미인지, 오직 장기이식이라는 목적을 위해 한 생명을 태어나게 하고 또 죽일 수도 있다는 것이 무엇을 뜻하는지 곰곰 생각해 보게 되었거든요. 환자를 치료하는 것은 물론 중요하고, 우리 사회는 사람의 생명을 동물의 생명보다 훨씬 더 값어치 있는 것으로 생각한다는 사실도 알고 있지만, 정말 이런 방법이 최선이었을까요? 어쩌면 누군가는 이렇게 말할지도 모릅니다. 장기이식이 아니더라도 돼지는 어차피 죽을 목숨이었다고요. 틀린 말은 아닙니다. 하지만 '어차피 고기가 될 돼지'이니 마음대로, 원하는

대로 대해도 되는 걸까요? 동물을 '사람의 생명을 살릴 수단'이 아닌, 동물 그 자체로 볼 수는 없는 걸까요?

저는 모든 동물이 동물답게 살아갈 수 있는 세상을 꿈꿉니다. 조금 더 정확하게 말하자면 모든 동물이 안전하고 동시에 자유로운 세상을 꿈꿉니다. 안전과 자유라니, 어쩐지 잘 어울리지 않는 조합 같지요? 오늘날 야생에서 자유롭게 사는 동물들은 안전을 보장받기 어렵습니다. 먹을 것을 구하기도 쉽지 않고, 외부의 위협이 미치지 않는 잠자리를 찾기도 힘듭니다. 인간의 활동 범위가 점점 더 넓어지면서 동물의 영역을 인간이 차지해 버렸기 때문에 이러한 어려움은 더 커졌지요. 일부 동물은 인간에게 피해를 준다는 이유로 사살당하기도 합니다. 서식지를 잃고 굶주린 채 먹을 것을 구하러 민가에 내려왔다가 목숨을 잃는 멧돼지나, 농사에 도움이 되지 않는다는 이유로 무분별하게 포획돼 죽임을 당하는 고라니를 보면 동물에게 안전이 얼마나 닿기 어려운 목표인지 알 수 있어요.

물론 어느 정도 안전이 보장되는 곳에서 지내는 동물들도 있습니다. 동물원이나 아쿠아리움 같은 '시설'이지요. 그런데 이런 시설의 동물들은 자유와는 거리가 먼 삶을 살고 있습니다. 오직 인간의 즐거움을 위해 좁은 사육 시설에 갇혀 평생을 보내야 하는 수많은 육상동물과 아쿠아리움에서 제자리를 빙빙 도는 바다 동물들을 생각하면 정말 가슴이 아픕니다. 극심한 스트레스로 수족관 벽에 머리를 찧는 고래나, 고개를 계속해서 흔드는 등 정형 행동✦을 하는 사자와 수달의 이야기를 들어보신 적 있을 거예요.

지금도 우리나라를 비롯한 세계 곳곳에서는 동물원과 아쿠아리움에 갇힌 동물들을 해방시키자는 운동이 벌어지고 있습니다. 넓은 바닷속을 신나게 헤엄치고 드넓은 초원을 달리며 살아야 할 동물이, 사방이 벽으로 막힌 제 몸만 한 수조와 우리에서 평생을 지내야 하니 그 고통은 헤아릴 수조차 없을 것입니다. 이들에게 먹을 것과 잠잘 곳은 보장되지만, 자유 없는 안전이 과연 의미가 있을까요? 안전과 자유, 이 두 가지 가치를 동시에 충족하는 것이 동물들에게 얼마나 어려운 일인가를 생각하면 아득해집니다. 서진과 제가 꿈꾸는 세상은 언제쯤 올 수 있을까요?

누구나 쉽게 '비건 하는' 세상

책을 여기까지 읽으며 비건에 도전해 보고 싶다고 생각한 사람도 있을 것입니다. 동물권과 비거니즘에 조금 더 관심을 가지겠

✦ 목적이 없는 반복적인 이상행동으로, 좁은 곳에 갇혀 생활하는 동물들에게서 흔히 나타난다.

다는 다짐도 하고, 비건 지향 생활을 실천할 여러 가지 비책을 생각해 보기도 하고요. 그런데 이런 거창한 다짐이나 야심 찬 계획 없이도 누구나 손만 뻗으면 비건을 할 수 있는 세상이라면 얼마나 좋을까요? 약간의 포부만으로도 쉽게 비건에 도전할 수 있는 세상, 누구나 손쉽게 비건이 될 수 있는 세상 말이지요.

세현 "채식 관련 인프라가 좋아졌으면 하는 생각이 들어요. 대형마트나 근처 슈퍼마켓에서도 손쉽게 비건 식품을 구입할 수 있도록요. 그러면 누구든지 채식을 조금 더 쉽게 시작할 수 있지 않을까요?"

앞서 세상을 우리가 원하는 모습으로 바꾸기 위해 실천할 수 있는 것 중 하나가 채식이라고 이야기했지요. 법이나 제도의 개선 없이 개인적인 차원에서 가장 '빠르게' 시작하고 또 지속할 수 있다는 의미에서요. 그런데 우리 사회는 아직까지 채식을 선택하고 시도하기에 썩 좋은 환경이라고 할 수는 없을 듯합니다. 진입장벽이 높다는 뜻이지요.

국가별 채식 전문점 현황을 살펴볼까요. 한국채식연합에 따르면 국내 비건 레스토랑은 약 350~400개 정도로 추산된다고 합니다.[3] 반면 영국은 브라이턴이라는 도시 한 곳에만 240개의 비건 레스토랑이 있다고 해요. 영국 전체로 시선을 넓혀 보아도 마찬가지인데요, 가공육 위주인 패스트푸드점에도 비건 메뉴가 있고, 슈퍼마켓에도 비건 코너가 따로 있다고 해요.[4] 영국만큼은 아니지만 미국도 비건 친화적인 나라입니다. 미국 전역에 있는 비건 식당의 개수는 1,500개에 이른다고요.[5] 채식 전문점의 숫자가 채식 관련 인프라의 모든 것을 말해 주지는 않겠지만 아쉬운 마음이 드는 것은 어쩔 수 없었어요.

집 밖에서도 쉽게 비건으로 식사를 할 수 있고 관련 상품도 손쉽게 살 수 있다면, 비건을 지향하는 생활이 훨씬 쉬워지고 비건을 지향하는 사람도 지금보다 많아지지 않을까요? 다행인 점은 그런 세상이 그리 머지않은 것 같다는 거예요. 비건 시장의 규모는 지금도 꾸준히 커지고 있거든요.

비건 상품을 인증하는 기관인 한국비건인증원에 따르면 2021년에 신규 인증을 받은 식품은 모두 286개였다고 해요. 이는 2019년(114개)과 비교하면 150%가량, 2020년(199개)과 비교하면 44%가량 늘어난 수치입니다. 이런 추세라면 비건 식품이 논비건 식품을 제치고 다수를 차지할 날도 올 것 같다는 생각이 듭니다.

최근 곳곳에서 활발하게 개발 중인 배양육도 이러한 흐름에 따른 것이라고 할 수 있는데요. 배양육이란 실험실에서 동물의 체세포를 배양해 얻은 고기를 말합니다. 즉, 먹기 위해 키워서 도축한 동물이 아니라는 이야기입니다. 배양육은 동물성 식품이기 때문에 엄밀한 의미에서 비건 식품은 아니지만, 동물의 고통을 유발하지 않는다는 측면에서 비건의 정의에 부합한다고 볼 수 있습니다. 이 '실험실 고기'는 광우병이나 구제역 같은 질병으로부터 안전하고, 세균에 노출될 위험도 적다는 의미에서 '클린 미트'라고 불리기도 합니다.

《고기에 대한 명상》의 작가 벤저민 워개프트는 이렇게 이야기합니다. "이 고기는 우리가 동물을 대하는 방식, 우리가 농경지를 다루는 방식, 우리가 물을 사용하는 방식, 우리가 인구에 대해 생각하는 방식을 근본적으로 바꾸고 (……) 깨지기 쉬운 생태계의 한계에 대한 우리의 인식을 완전히 뒤집을 수도 있다"[6]라고 말이지요.

현재 전 세계 여러 나라에서 배양육을 활발히 개발하고 있고, 우리나라 역시 기술개발에 속도를 내고 있습니다. 빌 게이츠와 잭 웰치 같은 유명 기업인이 이 산업에 투자했다고도 하지요. 싱가포르 같은 일부 국가에서는 배양육이 상용화되기도 했습니다. 2020년 12월, 싱가포르 식품청은 잇저스트(Eat Just)라는 미국 신생기업이 만든 배양육 제품이 안전기준을 충족한다고 평가했고, 싱가포르에서는 이 기술로 만든 닭고기가 판매되고 있어요.

다만 아직까지는 배양육이 실제 동물을 도축해 만든 고기보다 비싸다 보니, 싱가포르를 제외한 대부분의 나라에서는 출시되지 않은 상태입니다. 2017년 기준 배양육을 생산하는 데 드는 비용은 100g당 약 2,000달러 수준이었다고 해요. 생산 비용이 점점 줄어든다면, 동물권과 환경문제에 관심이 있지만 고기 먹기를 원하는 사람들에게 배양육은 훌륭한 선택지가 될 수 있을 것 같습니다.

기쁜 소식은 배양육 외에도 동물성 식품을 대체할 수 있는 상품이 다양하게 나오고 있다는 사실이에요. 콩과 버섯을 주재료로 만든 대체육이 다양한 브랜드에서 출시되면서 비건 떡갈비, 비건 햄버그스테이크, 비건 탕수육, 비건 치킨까지 맛볼 수 있게 되었습니다. 한 조사에 따르면 우리나라 식물성 대체육 시장은 연평균 5.6%씩 성장하고 있다고 합니다. 다가오는 2025년에는 2,260만 달러, 우리돈 약 286억 원 정도 규모로 커질 것이라고 하네요.[7]

고기뿐이 아닙니다. 비건 생크림, 비건 치즈 등 유제품을 대체할 만한 제품도 꾸준히 출시되고 있어요. 귀리유나 아몬드유처럼 100% 식물성으로 만든 우유도 시장에서 주목받고 있지요. 우리나라 사람 대다수가 우유를 소화하지 못하는 '유당불내증'을 앓고 있다는 점에서 특히 더 반가운 소식인 것 같습니다.

누구나 쉽게 비건 할 수 있는 세상을 위해선 간과하지 말아야 할 것이 또 있습니다. 모두의 채식할 권리를 위해 비건 제품에 대한 접근성이 폭넓게 보장되어야 한다는 점이지요. 여기서 접근성이란 손쉽게 구할 수 있는지와 가격이 합리적인지를 함께 묻는 개념입니다. 비건 제품은 대개 친환경·유기농 재료로 만들다 보니 평균 가격이 높습니다. 이런 현상을 일컫는 '비건 택스'라는 말이 따로 있을 정도지요. 이 때문에 비건 제품을 구입하기 전에는 경제적 고민을 하는 것이 사실입니다.

한국리서치의 최근 조사에 따르면 비건 제품을 구매한 경험이 없는 사람들에게 그 이유를 물어본 결과, '가격이 비싸서'라는 응답이 '구매할 필요성을 느끼지 못해서', '비건 제품이 있는 줄 몰라서', '주변에 비건 제품을 파는 곳이 없어서'에 이어 네 번째로 높은 응답률(15%)을 보였습니다. 또 가격이 더 비싸더라도 비건 제품을 구입하겠다고 답한 사람은 전체 응답자의 20%에 불과했다고 해요.[8]

앞서 이야기했던 것처럼 비건은 정치적 신념이지 결코 취향이나 라이프스타일이 아니기에, 모두의 '비건 할 권리'가 보장되도록 함께 노력하는 게 중요할 것 같아요. 경제적 격차가 '채식할 권리'를 저해하지 않도록 하려면 어떻게 해야 할까요? 누구나 쉽게 신선한 비건 식재료를 구입하고 질 좋은 비건식을 할 수 있으려면 한 끼 식사에 들어가는 비용이 지금보다 낮아져야 할 것입니다. 그러니 비건 제품의 가격이 터무니없이 높게 책정된 것은 아닌지 소비자로서도 따져 볼 필요가 있고요.

아울러 건강한 농작물을 정직하게 생산하는 소규모 농가에 대한 정부 차원의 지원도 폭넓게 이루어져야 할 것입니다. 소농이 안정적으로 판로를 확보할 수 있어야 소비자들도 신선한 먹거리를 제때 공급받을 수 있을 테니까요. 비인간 동물에 대한 고려에서 우리 사회의 취약계층, 소농과 유기농에 대한 지원까지, 결국 이 모든 것이 하나로 연결되어 있다는 생각이 듭니다. 모두가 행복해질 선순환의 시작을 기대해 봅니다.

배제가 아닌 연결로

인간으로 태어나 살면서 우리를 둘러싼 환경, 나아가 지구에 해를 끼치지 않는 것은 불가능하다는 생각이 듭니다. 먹는 것은 물론이거니와 입는 것, 씻는 것까지 모두 오염을 만들어 내니까요. 저는 지금 따뜻한 커피를 마시며 노트북으로 이 글을 쓰고 있는데요. 자판을 두드리는 것은 곧 전력을 사용하는 행위이고, 그 말인즉슨 제가 온실가스를 방출하고 있다는 뜻이겠지요. 제 손에 들린 커피는 또 어떨까요? 이 한 잔에 얼마나 많은 사람의 수

고와 노동력, 자원이 들어갔을지, 또 생산지로부터 우리나라까지 원두가 이동한 거리는 얼마일지를 생각하면 아득해집니다. 삶을 영위하기 위해 우리는 매 순간 다른 생명에 기대고 있습니다.

승주 "비건으로 살면서 가장 좋은 건 아무래도 내가 피해를 덜 끼칠 수 있다는 점인 것 같아요. 우리가 살아가면서 어떻게든 누군가에게, 다른 존재에게 피해를 주게 되잖아요. 모르는 사이에 어떤 식으로든요. 그런데 비건으로 살면서는 조금이나마 신경을 쓰니 덜 해롭게 살 수 있다는 게 좋아요."

인간은 어차피 피해를 끼치며 살도록 운명 지어져 있으니, 노력해도 큰 의미가 없다고 말하는 사람이 있을지 모르겠습니다. 하지만 저는 그렇게 생각하지 않습니다. 100명의 사람이 불의의 사고로 목숨을 잃을 위기에 처해 있는데 100명을 모두 구하는 것이 불가능하다면, 우리는 어떻게 할까요? 아마 단 한 명이라도 구하려고 노력할 것입니다. 어차피 100명을 다 구할 수 없으니 아무도 구하지 않는 게 낫다고는, 그 누구도 말하지 않을 거예요. 승주의 말에서 저는 이런 정신을 읽었습니다. 할 수 있는 한, 다른 존재에게 끼치는 피해를 조금이라도 줄이고 싶다는 마음 말이에요.

승주 "고등학교에 입학하면서 페미니즘에 관심이 생겼어요. 고1 때 친구들과 페미니즘에 관한 이야기를 많이 했거든요. 그러다가 사회문제에도 자연스럽게 눈을 떴지요. 저는 남자니까, 조금 더 무해한 사람이 되고 싶다는 바람을 자연스럽게 품게 됐고요. 그런데 알아 갈수록 페미니즘(여성 인권)도 그렇고 동물권도 그렇고 이런 이슈들이 결코 분리된 게 아니라는 생각이 들더라고요. 하나로 연결돼 있다는 생각을 했어요."

승주의 말을 들으며 고개를 끄덕였습니다. 흔히 사회문제를 다룰 때 사람들은 문제들 사이에 우선순위를 세운 후 '이것이 더 급하고 다른 문제는 그다음이다' 이렇게 이야기하곤 합니다. '지금은 노동문제가 급하니 여성 의제는 나중에 다루도록 하자' 혹은 '동물보다 사람이 더 중요하니 동물 문제는 다음에 생각하자'는 식으로요. 하지만 이 문제들이 모두 분리된, 독립적인 것들일까요?

장애 해방과 동물해방을 연결해 다루는 책 《짐을 끄는 짐승들》의 저자 수나우라 테일러는 결코 그렇지 않다고 말합니다. 그는 공장식축산에서 착취당하는 동물들을 그리기 위해 1년간 산란계 암탉들을 관찰했습니다. 알을 낳으며 착취당한 뒤 끝내 '불구가 된' 몸으로 죽음을 맞는 닭들을 보며 장애 문제와 동물

문제가 어떻게 연결되어 있는지 생각했습니다. 그는 이렇게 씁니다. "더 자세히 들여다볼수록 동물 산업 곳곳에 장애를 가진 몸이 있다는 걸 깨닫게 된다. 또한 동물의 몸이 오늘날 미국에서 장애를 가진 몸과 마음이 억압당하는 방식과 뗄 수 없는 관계에 있다는 것도 알게 되었다."[9]

이 책에 추천의 글을 쓴 홍은전 작가 역시 비슷한 문제의식이 있었습니다. 그에 따르면, 과거 장애인들이 차별에 저항하는 사회운동을 할 때 외친 구호는 "장애인도 사람이다", "장애인은 동물이 아니다"였다고 합니다. 장애인과 비장애인을 차별하는 사람들의 인식에 문제를 제기하기 위해, 동물을 장애인보다 더 '낮은' 곳에 두었던 것이지요. 이들은 장애인은 동물이 아니기 때문에 비장애인과 같은 대우를 받아야 한다고 목소리를 높였고, 그 과정에서 동물은 또다시 최소한의 권리조차 가지지 못하는 존재가 되어야 했습니다.

반면 동물권을 소리 높여 옹호했던 사람들 사이에선 이런 주장이 나왔습니다. 신체적·정신적 능력이 다른 인간에 비해 떨어지는 인간에게도 권리를 보장한다면, 동물 중에서 특히 뛰어난 능력을 가진, 즉 인간과 별다른 차이가 없어 보이는 동물을 어떻게 차별할 수 있느냐는 것이지요. 모든 동물의 권리를 폭넓게 보장해야 한다는 차원의 이야기였지만 이런 의견들 속에서 장애인의 삶과 권리는 폄하될 수밖에 없었습니다.

수나우라 테일러는 동물을 온갖 차별에서 해방시키려는 동물 해방 운동과 비장애인의 관점으로 모든 것을 생각하고 파악하는 '비장애 중심주의'로부터의 해방(장애 해방)을 잇습니다. 그리고 "동물을 둘러싼 억압과 장애를 둘러싼 억압이 서로 얽혀 있다면 해방의 길 역시 그렇다"라고 말합니다.

승주의 이야기에서처럼 페미니즘과 동물권의 문제도 마찬가지일 것입니다. 성별로 인해 발생하는 온갖 사회적·정치적 차별을 없애자는 페미니즘 운동은, 우리 사회에서 가장 약자에 속하는 동물들을 여러 가지 억압에서 해방시키자는 동물권 운동과도 통하는 지점이 있습니다.

그중에서도 에코페미니즘 운동은 여성과 자연을 착취의 대상으로 보아 왔던 과거의 관습을 타파하려고 합니다. 남성중심적인 사회에서 여성들은 남성처럼 '이성적'이지 못하다는 이유로 하등한 존재로 여겨지며 타자화✦되었고, 남성과 '동등한 인간'으로 대우받지 못했지요. 마찬가지로 동물과 자연 역시 남성으로 대표되는 인간에게 무한한 '자원'을 제공하는 대상으로만 여겨져 왔습니다. 에코페미니즘은 여성 억압과 자연 착취가 맞

✦ 특정 대상을 나와는 다른 부류로 규정하며 대상화하는 행위.

물려 있음을 지적하고, 여성과 자연이 함께 해방되어야 한다고 주장합니다. 이처럼 약자 착취의 문제는 서로 맞물려 있습니다. 성차별 타파와 장애 차별 철폐, 동물해방 운동이 모두 연결되어 있다는 점을 인식한다면 새로운 논의가 시작될 수 있지 않을까요?

저는 길고양이들에게 밥을 주고, 아픈 길고양이들을 데려다 치료하고, 그들에게 새 가족을 찾아주기도 하는 '캣맘'입니다. 이런 제게 사람들은 종종 묻습니다. 사람을 챙기고 보살피는 것이 더 시급하지 않으냐고요. 우리나라에도 형편이 어려운 사람들이 있고, 멀리 다른 나라에도 밥을 먹지 못해 쓰러져 가는 아이들이 있는데, 그들을 돕는 게 먼저 아니겠느냐고요. 다시 말해 사람이 먼저고 동물은 나중이라는 이야기이지요.

이런 질문을 들을 때마다 저는 궁금했습니다. '과연 이 모든 것이 따로 분리된 것일까?' 하는 의문 때문입니다. 우리가 어느 한 존재에게 관심과 사랑을 주면 다른 존재들은 뒤로 밀려나거나 관심 밖으로 멀어지는 것일까요? 저는 결단코 아니라고 말하고 싶습니다.

저는 동물권에 눈을 뜨면서 오히려 사회의 다른 문제에도 마음을 쓰게 되었습니다. 차별받는 여성, 이동권을 보장받지 못하는 장애인, 존재를 있는 그대로 인정받지 못하는 성소수자, 안전하게 머물 곳을 찾지 못하는 난민의 모습이 그제야 눈에 들어왔습니다. 한 존재를 사랑하게 되자 다른 존재의 외침이 들린 것입니다. 그동안 얼마나 무감하게 살아왔나 반성하면서 저는 깨달았습니다. 사랑의 속성이 흐르는 데 있다는 것을요. 어떤 존재를 향한 관심과 애정은 결코 한곳에 머무르거나 고여 있지 않습니다. 다른 존재를 향해 끊임없이 흐르며, 뻗어나가고, 그 과정에서 더 커지고 넓어집니다.

이런 맥락에서 우리는 '비건'이라는 단어의 뜻을 다시 생각해볼 수 있지 않을까요? 동물을 비롯한 모두를 차별과 억압, 착취에서 해방시키려는 실천이 바로 비거니즘이라고요. 연결과 연대, 하나 됨을 꿈꾸는 모든 움직임을 비건이라고 부를 수 있다고요. 모두가 연결되고 그렇게 모두가 비건이 되는 세상. 그 세상에서는 누구도 소외되거나 배제되지 않을 것입니다.

GO!
VEGAN

인터뷰 참가자 소개

*가나다순입니다.

▷ 가장 좋아하는 비건 음식이나 즐겨 만드는 비건 음식을 소개해 주세요.

콩국수요! 더운 여름날 선풍기 바람을 쐬며 차갑게 먹는 콩국수를 정말 좋아해요. 너무 더워서 짜증이 나도 콩국수를 먹으면 속까지 시원해지더라고요. 또 이상하게 여름에는 속이 느끼할 때가 있는데 그럴 때도 콩국수는 특유의 담백함으로 느끼함을 잡아 주는 것 같아요.

저는 설탕을 넣어 먹는 걸 좋아해요. 단, 반찬이 없을 때만! 비건 김치가 있다면 콩국물에 아무런 간을 하지 않고 먹는답니다!

▷ 무엇을 할 때 가장 행복하다고 느끼나요?

요즈음에는 친구들이랑 실컷 떠들면서 놀 때가 좋은 것 같아요. 제 친구들은 다들 음악에 관심이 많은데, 갑자기 흥이 올라 노래를 부르고, 춤을 추고, 악기를 연주하고 그런 자유로운 분위기를 느낄 때 정말 행복하다고 느껴요.

저는 불과 몇 개월 전까지만 해도 '어떤 인생을 살고 싶어?'라는 질문에 뭔가를 많이 이룬, 내가 하고 싶은 것을 다 한 그런 인생을 살고 싶다고 막연히 생각했는데요, 한 친구가 이런 이야기를 해 주더라고요. "나는 누가 나한테 행복했냐고 물었을 때 '어, 행복해'라고 답할 수 있는 인생을 살고 싶어." 이 이야기를 듣고 '인생'에 대한 제 생각이 정말 많이 바뀌었어요.

질문에서 조금 벗어난 것 같죠? 이 이야기를 하는 이유는 '이런 친구들이 내 곁에 있어서 행복하다'라는 말을 전하고 싶어서였어요. 나에게 이렇게 좋은 영향을 주는, 심지어 오랫동안 공고했던 나의 가치관까지 한 번쯤 의심하게 해 주는 이 친구들과 함께하는 시간이 너무 행복해요.

▷ 요즘 최대 관심사는 무엇인지 궁금합니다.

제 관심사는 '마을'이에요. 제가 다니는 학교는 마을공동체 교육을 중요시하는데요, 입학 후 마을의 책방, 카페, 도서관 등을 이용하면서 '또 다른 마을공동체는 어디 있으려나?' 하는 질문을 자주 던지고 있어요. 그러면서 자연스럽게 이 마을이 형성된 과정이라든지, 그 안에서 일어나고 있는 일들에 관심이 생기더라고요. 또 제가 속한 이 마을공동체 말고도 다른 지역의 여러 공동체가 눈에 들어왔고요. 그래서 이번 여름방학에는 새로운 배움을 위해 충남의 한 마을공동체에서 지낼 예정이에요.

▷ 이 책을 읽을 친구들에게 한마디!

반갑습니다, 독자 여러분! 먼저 이 책을 읽겠다고 다짐한 것 자체가 정말 멋진 용기를 낸 것이라는 점을 꼭 말씀드리고 싶어요. 사실 이 이야기는 정말 불편할 수 있는, 어쩌면 거부감이 들 수도 있는 이야기입니다. 우리가 당연히 섭취하고 소비했던 대상을 '생명'으로 인지하는 순간 생길 수밖에 없는 그런 감정이니까요. 그럼에도 이 책을 읽을 용기를 냈다는 점에 정말 감사합니다.

제 생각에 '비건'이라는 것은 언제나 실천할 수 있는 작은 생활 습관이라고 생각해요. 화장품을 살 때 동물복지, 비건 제품을 선택하는 것, 동물의 털이 들어가지 않은 옷을 소비하는 것, 오늘은 비건 음식에 도전해 보는 것, 내일 하루는 동물성 식품을 섭취하지 않는 것. 이 모두가 비거니즘적인 행동입니다. 그 행동이 매일매일 이루어지든, 일주일에 3일만 행하든 꾸준히 이어진다는 것 자체로 대단한 일이에요. 그러니 여러분도 오늘 하루, 또는 내일 한

번 '비건'을 실천해 보면 어떨까 싶습니다. 나 혼자의 행동은 비록 작을지 모르지만, 그것이 우리의 행동이 될 때 가장 빛나는 힘을 갖게 되니까요!

▷ 가장 좋아하는 비건 음식이나 즐겨 만드는 비건 음식을 소개해 주세요.

된장찌개를 제일 자주 만듭니다. 자취하면서 비건으로 만들기 간편한 한 그릇 요리이고, 제가 좋아하기도 합니다. 간단히 채수를 우리고 집에 있는 갖가지 채소와 된장을 넣으면 맛있게 여러 끼니를 먹을 수 있습니다.

▷ 무엇을 할 때 가장 행복하다고 느끼나요?

어찌 되었건 사랑이겠지요. 무언가 더 알고 싶게 하고, 내가 죽을 수 없게 만드는 것들을 생각할 때 가장 행복하다 느낍니다.

▷ 요즈음의 최대 관심사는 무엇인지 궁금합니다.

요즘엔 언어에 대한 관심이 크게 늘었습니다. 정확하게 말하자면 말하기요. 말을 하는 여러 가지 방식들과 언어에 따라 달라지는 말하기, 즉 언어의 지배력에 대해 자주 생각합니다.

▷ 이 책을 읽을 친구들에게 한마디!

사랑의 영역을 확장한다면 비거니즘을 실천하기 쉬워질 거예요. 내가 사랑하는 것들을 지키려고 할수록 스스로는 확실해집니다.

▷ 가장 좋아하는 비건 음식이나 즐겨 만드는 비건 음식을 소개해 주세요.

비건 망고 빙수입니다. 사당역과 이수역 사이에 있는 방배동 비건 카페

'거북이', 경동시장 청년몰에 있는 '비건이즈힙' 등에서 먹을 수 있어요. 소젖 착취 없이! 유당불내증 없이! 소의 젖에서 나온 피고름 없이! 훨씬 맛있는 대체유로 만든 빙수! 생망고 하나가 통째로 올라가요. 냉동 아니고 생망고가! 정말 맛있어요.

▷ 무엇을 할 때 가장 행복하다고 느끼나요?

비건들과 모든 메뉴가 비건인 식당에서 밥을 먹을 때요.

▷ 요즘의 최대 관심사는 무엇인지 궁금합니다.

비거니즘적인 체제 변화 운동과 비인간을 포함한 약자 해방운동에 관심이 있습니다. 요즘은 복날 시즌이다 보니 #비건복날 #비건보양식 캠페인을 진행하고 있어요. 카드뉴스를 직접 만들어서 SNS 인증 이벤트를 하고 있습니다.

▷ 이 책을 읽을 친구들에게 한마디!

육식은 불필요함을 넘어서 몸에 해롭다는 사실! 기후 위기의 유일한 해결책은 비거니즘과 비거니즘적인 체제 변화입니다. 비건 하기는 선택이 아닌 필수! 살인이나 인육 먹기를 선택이라고 하지 않는 것과 똑같습니다.

▷ 가장 좋아하는 비건 음식이나 즐겨 만드는 비건 음식을 소개해 주세요.

가장 감명 깊게 먹었던 비건 음식은 부산 광안리의 한 비건 식당에서 먹었던 콩가스예요. 속은 촉촉한 비건 햄이고 겉에는 바삭한 빵가루가 입혀져 있는데, 진짜 추천합니다. 그때 학교에서 함께 비건을 하던 언니와 함께해서 더 행복하고 좋은 기억으로 남았네요.

즐겨 먹는 비건 음식은 개인적으로 만들기 쉽고 익숙한 음식이어야 한다고 생각해요. 저는 볶은 버섯과

볶은 애호박, 고춧가루를 곁들인 콩나물무침을 총총 썰어 넣고 참기름이랑 비건 양념장, 간장을 뿌려 밥이랑 비벼 먹어요. 저에게는 가장 익숙하고 또 여러모로 편안한 음식입니다. 상상만 해도 군침 돌지 않나요?

▷ **무엇을 할 때 가장 행복하다고 느끼나요?**

요즘은 옷 가게에서 일을 하며 지내고 있어요. 9시간 동안 근무하기 때문에 중간에 밥을 먹어야 하는데, 그때마다 샌드위치를 먹어요. 열심히 일하고 나서 쉬는 시간에 먹는 비건 샌드위치! 각종 곡물이 들어간 위트 빵에 소금, 후추, 올리브오일을 소스로 곁들인 베지 샌드위치! 뭔지 다들 아실 거예요. 그 순간이 그렇게 행복할 수가 없어요.

▷ **요즈음의 최대 관심사는 무엇인지 궁금합니다.**

최대의 관심사는 옷이에요. 빈티지 숍에서 일하다 보니 옛것에 관심이 가고 또 패스트패션에 대해 자연스럽게 주의를 기울이게 되더라고요. 빈티지를 사랑하면서 환경도 지키고, 또 오랜 세월을 거친 모든 것들을 존중하는 그런 사람이 되고자 합니다.

▷ **이 책을 읽을 친구들에게 한마디!**

안녕하세요. 이 글을 읽고 계신 여러분은 비건에 관심을 갖게 되었거나 그것을 실천하려 노력하고 계시는 분들이 대다수일 테지요.
제가 드리고 싶은 말은 '당당하자'예요. 세상을 더 좋은 곳으로 바꾸려는 사람이 소수인 곳에서 우린 살고 있으니까요. 그럼에도 불구하고 우리 같이 해 보자고, 곁에 항상 있겠다는 말씀을 드리고 싶어요. 잘하고 있으니까 조금만 더 기운 내고, 스스로 당당해지자고요!
항상 건강하세요. 밥 잘 챙겨 먹고요. 세상을 바꾸고자 하는 모든 이들에게 감사의 마음을 전합니다.

▷ **가장 좋아하는 비건 음식이나 즐겨 만드는 비건 음식을 소개해 주세요.**

요리보다는 제과제빵을 즐겨 하는 편이라, 스콘을 자주 만들곤 합니다. 통밀과 두유, 식물성 기름으로 만든 스콘은 고소하고 몸에 부담이 없어서 좋습니다. 기분에 따라 견과류나 말린 과일, 허브를 넣기도 해요. 요즘은 설탕과 기름을 조금씩 줄이는 시도를 하고 있습니다.

▷ **무엇을 할 때 가장 행복하다고 느끼나요?**

예전부터 책을 읽으면서 행복을 비롯한 다채로운 감정을 느끼는 것 같습니다. 소설, 에세이, 교양 등 여러 종류의 책을 읽는데요. 책을 통해 다른 이들의 다양한 이야기를 만나고, 생각과 감정을 공유하며 내면을 확장해 가는 충만함과 풍요로움이 좋습니다. 최근에는 읽었던 책을 다시 읽으며 새로운 기분을 느끼고 있습니다.

▷ **요즈음의 최대 관심사는 무엇인지 궁금합니다.**

관심사가 다양하고 늘 바뀌어 왔지만, 최근의 최대 관심사는 '어린이'입니다. 어린이가 행복하고 안전하게, 자유와 권리를 온전히 보호받으며 자랄 수 있는 사회가 되기를 바라요. 저도 거기에 기여할 수 있도록 조금씩 배워 가고 있습니다.

▷ **이 책을 읽을 친구들에게 한마디!**

이 책이 모두와 함께하는 무해한 삶으로 안내하는 등불이 될 수 있기를, 여러분의 삶에 자연의 풍요가 함께하기를 바랍니다!

▷ **가장 좋아하는 비건 음식이나 즐겨 만드는 비건 음식을 소개해 주세요.**

통깨를 뿌린 마늘쫑볶음을 가장

좋아합니다. 짭짤하고 고소한 맛이 중독성 있어요. 적당한 크기로 썬 마늘쫑을 달달 볶다가 취향껏 만든 간장 소스를 붓고 또 달달 볶으면 완성! 간단한 반찬으로 딱이에요.

▷ 무엇을 할 때 가장 행복하다고 느끼나요?

평소에 행복하다고 느끼는 순간들을 떠올려 봤을 때, 그 행복의 크기가 다르지 않아 무엇을 고를지 고민이네요. 쉴 때 노래 듣고, 할 일들을 해내고, 마음 맞는 친구들과 만나서 노는, 그런 일상의 편안함이 가장 먼저 떠오른 행복함의 원천인 듯 싶습니다.

▷ 요즈음의 최대 관심사는 무엇인지 궁금합니다.

요즘 가장 관심을 쏟고 있는 건 새로 시작한 농장 게임입니다. 또 읽고 싶은 책은 많은데 잘 읽지는 않아서 책을 읽는 방법, 책을 읽을 시간과 공간을 늘리는 방안을 찾으려고 노력해요. 그게 올해의 주된 관심사입니다.

▷ 이 책을 읽을 친구들에게 한마디!

상처를 받지도 않고 주지도 않는, 그리고 배와 마음이 든든한 삶을 위하여!

주

1. 어쩌다 비건

1 〈"공장식축산 시설 놔두면 새로운 팬데믹 생긴다"〉, 《중앙선데이》, 2021. 1. 9.

2 〈펀딩으로 만드는 생추어리 프로젝트〉, 《주간경향》 1430호, 2021. 6. 7.

3 〈"문어·가재, 산 채로 삶는 것 금지" 주목받는 유럽의 동물복지〉, 《아시아경제》, 2021. 12. 31.

4 〈"지금처럼 CO_2 계속 배출한다면 2028년 1.5도 저지선 뚫린다"〉, 《중앙일보》, 2022. 3. 24.

5 FAO, *Livestock's long shadow*, 2006, p. 112.

6 "Livestock and Climate Change", *World Watch Magazine* Nov/Dec, 2009.

7 〈소의 하품도 버리지 말라… 콧잔등에 '마스크' 씌워서〉, 《한겨레》, 2021. 7. 28; 〈방귀 적게 뀌는 젖소, 장내미생물로 골라 메탄가스 줄인다〉, 《한겨레》, 2019. 7. 8.

8 〈https://ourworldindata.org/grapher/feed-required-to-produce-one-kilogram-of-meat-or-dairy-product〉.

9 호프 자런, 《나는 풍요로웠고, 지구는 달라졌다》, 김은령 옮김, 김영사, 2020, 77쪽.

10 환경부 홈페이지, 〈축산업이 환경에 미치는 영향〉, 2011. 3. 3; FAO, *Livestock's long shadow*, 2006.

11 김한민, 《아무튼, 비건》, 위고, 2018, 25쪽.

12 〈https://veganuary.com/veganuary-2021-saves-over-2-million-animals/〉.

2. 비건은 뭘 먹나요?

1 존 맥두걸, 《어느 채식의사의 고백》, 강신원 옮김, 사이몬북스, 2022, 121쪽.

2 〈육류 단백질 과다 섭취하면 심장질환 위험 60% ↑〉, 《동아사이언스》, 2018. 4. 6.

3 Winston J. Craig et al., "Position of the American Dietetic Association: vegetarian diets", *Journal of the American Dietetic Association* vol. 109, 2009; The British Dietetic Association(BDA), "British Dietetic Association confirms well-planned vegan diets can support healthy living in people of all ages", 2017. 8. 7.

4 김한민, 《아무튼, 비건》, 위고, 2018, 121쪽.

5 WHO, "Cancer: Carcinogenicity of the consumption of red meat and processed meat", 2015. 10. 26〈https://www.who.int/news-room/questions-and-answers/item/cancer-carcinogenicity-of-the-consumption-of-red-meat-and-processed-meat〉.

6 〈인천 강화, 김포·화성 목장 소·돼지에서 항생제 초과 검출〉, 《경기일보》, 2022. 1. 5.

7 티에리 수카르, 《우유의 역습》, 김성희 옮김, 알마, 2009, 101쪽.

8 〈[쓰레기와 동물과 시]어제 생선을 먹었다, 그런데 알고 보니… 내가 버린 미세플라스틱을 먹은 것이었다〉, 《경향신문》, 2019. 7. 24.

9 환경정책·평가연구원, 〈미세플라스틱의 국내외 관리정책〉, 2019.

10 〈팜유를 즐긴 당신, 열대우림의 살인청부자〉, 《한겨레》, 2020. 4. 8.

3. 유별난 존재가 된다는 것

1 김한민, 《아무튼, 비건》, 위고, 2018, 110쪽.

2 피터 싱어, 《동물 해방》, 김성한 옮김, 연암서가, 2012, 37쪽.

3 FAO, *State of the World's Forests 2016*, 2016, p.20.

4 〈https://waterfootprint.org/en/resources/interactive-tools/product-gallery/〉.

5 마르탱 파주, 《왜 고기를 안 먹기로 한 거야?》, 배영란 옮김, 황소걸음, 2019, 15쪽.

4. 나의 선택, 나의 전략

1 〈"열악한 급식실 노동환경 개선해야… 조례 제정 필요"〉, 《뉴시스》, 2022. 3. 18.

2 서울시교육청, 〈먹거리 생태전환교육 중기(2022~2024) 발전 계획〉, 2022. 3.

3 경상남도교육청 블로그〈https://blog.naver.com/gne_education/222155865016〉.

4 〈학부모 93%, 청소년 방역패스 '반대'… "자녀 접종 NO"〉, 《국민일보》, 2021. 12. 7.

5. 지속하는 마음, 지속되는 기쁨

1 〈http://cok.net/wp-content/uploads/2013/01/MM-Each-Day-Fact-Sheet.pdf〉.

2 "What Would Happen If Everyone Stopped Eating Meat One Day a Week?", *Reader's Digest*, 2022. 5. 2.〈https://www.rd.com/article/no-meat-once-a-week/〉.

3 존 버거, 《여기, 우리가 만나는 곳》, 강수정 옮김, 열화당, 2006, 16쪽.

4 Factory farming Awareness coalition, "Dangerous Working Conditions on Factory Farms",

2021. 2. 10.〈https://ffacoalition.org/articles/dangerous-conditions-factory-farms/〉.

5 Academy of Nutrition and Dietetics, "Prepare Heart-Healthy Foods for Your Family", 2022. 2. 22〈https://www.eatright.org/health/wellness/heart-and-cardiovascular-health/prepare-heart-healthy-foods-for-your-family〉.

6 "Cholesterol On A Plant-Based Diet: Your Essential Guide To The Good And Bad", *Plant Based News*, 2021. 1. 17〈https://plantbasednews.org/your-health/faqs-and-mythbusting/cholesterol-good-bad/〉.

7 Bonnie Farmer et al., "A vegetarian dietary pattern as a nutrient-dense approach to weight management: an analysis of the national health and nutrition examination survey 1999-2004", *Journal of the Academy of Nutrition and Dietetics* Vol.111, 2011〈https://pubmed.ncbi.nlm.nih.gov/21616194/〉.

8 "Olympic vegetarians: the elite athletes who shun meat", *The Guardian*, 2012. 6. 30〈https://www.theguardian.com/lifeandstyle/wordofmouth/2012/jul/30/lizzie-armitstead-vegetarian-athletes-olympics-2012〉.

9 "Can a Plant-based Diet Help With RA?", *WebMD*, 2021. 11. 2〈https://www.webmd.com/rheumatoid-arthritis/ra-plant-diet〉.

10 P. K. Newby et al., "Risk of overweight and obesity among semivegetarian, lactovegetarian, and vegan women", *The American Journal of Clinical Nutrition* Vol. 81, 2005〈https://pubmed.ncbi.nlm.nih.gov/15941875/〉.

11 김한민, 《아무튼, 비건》, 위고, 2018, 7쪽에서 재인용.

12 보선, 《나의 비거니즘 만화》, 푸른숲, 2020, 6쪽.

6. 비건에 한 발짝 가까이

1 〈루이비통·구찌 '명품 가죽'의 잔인한 출처… 비단뱀·도마뱀 '충격 도살' 현장〉, 《뉴스펭귄》, 2021. 12. 26.

2 박진영·신하나, 《지구를 살리는 옷장》, 창비, 2022, 94~95쪽.

3 〈이탈리아, 모피농장 전면 금지… "이루 말할 수 없는 고통의 종식"〉, 《뉴스펭귄》, 2021. 12. 25.

4 〈'비건' 화장품이 뜬다… MZ세대 '관심'〉, 《비즈니스워치》, 2021. 6. 3.

5 〈화장품도 '비건' 열풍… LG생활건강도 가세〉, 《한국경제》, 2022. 6. 27.

6 박진영·신하나, 《지구를 살리는 옷장》, 창비, 2022, 51쪽.

7 룰루 밀러, 《물고기는 존재하지 않는다》, 정지인 옮김, 곰출판, 2021, 205쪽.

8 〈비건의 절망과 희망에 대하여〉, 《경향신문》, 2021. 10. 4.

7. 우리가 만들어 갈 비건 세상

1 〈동물권 단체 "참혹한 동물 식용과 동물실험 중단해야"〉, 《뉴스1》, 2020. 5. 24.

2 〈최초의 돼지 심장 이식 환자 사망에도 바이러스가 있었다〉, 《한겨레》, 2022. 5. 8.

3 〈[비건라이프] 채식 걸음마 한국… 식탁 소수자도 행복하려면〉, 《그린포스트코리아》, 2018. 11. 23.

4 〈채식주의자가 가장 살기 좋은 도시는?〉, 《한겨레》, 2022. 8. 4.

5 "Vegan Restaurants Are On The Rise", *Forbes*, 2019. 8. 21.

6 벤저민 A. 워개프트, 《고기에 대한 명상》, 방진이 옮김, 돌베개, 2022, 11쪽.

7 한국농수산식품유통공사, 〈2021 가공식품 세분시장 현황(비건식품)〉 보고서, 2022. 2.

8 한국리서치, 〈여론 속의 여론-[기획] 비거니즘, 지속될 수 있을까?〉, 2022. 6. 28 〈https://hrcopinion.co.kr/archives/23341〉.

9 수나우라 테일러, 《짐을 끄는 짐승들》, 이마즈 유리·장한길 옮김, 오월의 봄, 2020, 32~33쪽.

청소년 비건의 세계

1판 1쇄 발행일 2022년 10월 31일
1판 2쇄 발행일 2023년 6월 12일

지은이 박소영

발행인 김학원
발행처 (주)휴머니스트출판그룹
출판등록 제313-2007-000007호(2007년 1월 5일)
주소 (03991) 서울시 마포구 동교로23길 76(연남동)
전화 02-335-4422 **팩스** 02-334-3427
저자·독자 서비스 humanist@humanistbooks.com
홈페이지 www.humanistbooks.com
유튜브 youtube.com/user/humanistma **포스트** post.naver.com/hmcv
페이스북 facebook.com/hmcv2001 **인스타그램** @humanist_insta

편집주간 황서현 **편집** 이여경 최윤영 **디자인** 유주현 **일러스트** 냄비
조판 홍영사 **용지** 화인페이퍼 **인쇄·제본** 정민문화사

ISBN 979-11-6080-912-1 43300